Peter Kjelstrup

# Rødder

Historie og historier omkring en

slægtsgård i Vær sogn

Illustrationer: Helena Schlup, Stensballe lokalhistoriske arkiv. Horsens Museum og private fotos.
Andre medvirkende: Omslag: Niels Højer
Forlag: Books on Demand GmbH, København, Danmark
Tryk: Books on Demand GmbH, Norderstedt, Tyskland

ISBN:9788776914394

Indholdsfortegnelse

# Forord af forfatteren

Denne lille bog er egentligt ment som et forsøg på at give mine børnebørn og deres efterkommere en forståelse af, hvad slægtsgården Meldrupgaard er for en størrelse. Et forsøg på at give dem samme veneration omkring gården, som min svigerfar havde og jeg selv gennem årene har fået.

Jeg fandt relativt hurtigt ud af, at man ikke kunne give en rigtig beskrivelse af gården uden at have noget med om det samfund, den er placeret i. Uden at have noget af den historiske baggrund for placering og årsag til denne placering med.

Min svigerfar Jens Jensen har igennem årene fortalt så meget om gården og egnen, at det i sig selv gav berettigelse til at skrive denne beretning. Han var så levende og interesseret og vidende et menneske, at han alene kunne have fortjent sin egen udgivelse. Men jeg tror faktisk, at det er mere i hans ånd at være den, der ud over at være en del af gårdens sjæl, også er den bagvedliggende fortæller af historier og historien omkring gården.

Han havde A.J.Gejlager som lærer i Stensballe skole, hvilket helt klart har inspireret ham til sin interesse for de gode historier i og omkring gården. Ja selv de kendte historier fra Gejlagers bøger har jeg i øret som værende Jens egne. Det blev de bestemt ikke dårligere af. Han havde den herlige evne at kunne gøre en god historie bedre, hver gang han fortalte den.

En stor tak for masser af indspark fra Grete Thomassen, der er født og opvokset på en af de andre gårde i Meldrup og min hustru Herdis, der naturligvis er født og opvokset på gården her. Også en stor tak til Gudmund Rask, ikke mindst for at overbevise mig om, at det er mindre vigtigt om historien er helt rigtig, bare den er god. Og om, at selv om meget af bogens stof er set og skrevet før, kan en god historie ikke fortælles for tit. Det er jo sådan set heldigt for ham som præst.

Ligeledes en stor tak til Lokalhistorisk arkiv for hjælp og støtte, når jeg alligevel lige ville undersøge om historierne var helt ved siden af. Men selv om de muligvis ikke er helt historiske korrekte, ser jeg jo nødigt, at de ligefrem alt for let kan dementeres.

Også en stor tak til Niels Højer, der altid var der, når teknikken ikke ville som jeg, og som står bag den grafiske udformning af forsiden og bagsiden.

Det har med andre ord ikke været formålet med bogen at drive historieforskning. Skulle bogen alligevel have bidraget lidt til det, er det fuldstændigt utilsigtet

Den gamle ask står og læner sig op ad det gamle brådhus.

# Refleksioner omkring et træ

Træet står der bag Skættehuset i Meldrup og tårner sig op som vel sagtens sognets største træ. En ask, som nok er sine par hundrede år gammelt, og med sin massive stamme og rod, er det forståeligt, at livets træ i den nordiske mytologi var en ask.

Yggdrasil var navnet på det træ, der som en verdenssøjle bærer himlen og skaber forbindelse mellem himmel og jord, tværs gennem menneskenes verden Midgård. Under dets tre rødder er tre brønde, nemlig Mimers brønd med kundskabens vand, hvoraf al visdom får næring, Urds brønd, hvor guderne mødtes og som et Folketing træffer afgørelser, og endeligt noget, der kunne minde om helvedes brønd, der enten hedder Hvergelmer, eller Hvergelmers brønd. Denne rodende vokse lige ind i dødsriget Hel i Niflheim, hvilket giver god mening, da Hvergelmer i så fald kan opfattes som navnet på enten en drage eller en slange eller noget andet ubehageligt. Den drageslange lever der, allerlængst nede, hvor den kan gnave i selve træets rod, og dermed gøre det klart for alle, at verden og livet, som vi kender det, er endeligt. At selv livets træ før eller senere må gå ud.

At alting er forgængeligt.

At verdens endeligt nok skal komme.

Der nedefra kommer alt det, man for alvor kan være bange for. Når livets træ engang går ud, er nemlig kun ragnarok tilbage. Ikke helvede. For helvede kom først til Meldrup, da Vær Kirke blev bygget. Da de blev kristne i Meldrup og omegn. Nej ragnarok. Verdens ende.

Nu er der jo intet, der er sikkert omkring Yggdrasil. Kun at det er livets træ, og at det er en ask. Derfor kommer forgængeligheden ikke kun fra den rod, der går ned til dødsriget. Oppe i kronen løber der fire skrupskøre hjorte rundt og spiser af træet fra toppen. Askesygen, der sørger for, at også vores ask så småt er begyndt at gå ud i toppen, må være stærkt i familie med de der hjorte.

For mig er det gamle aksetræ også af andre grunde tæt på at være det perfekte symbol på livet. At være selve Yggdrasil.

Jeg har nemlig selv ved adskillige lejligheder set høgen Vedfolner oppe i toppen af træet. Vedfolner betyder noget i retning af gammel og falmet. Den er ifølge den nordiske mytologi det højest placerede væsen i verden. Oven over den er selveste Asgård, hvor guderne bor. Eller også boede de under en af rødderne. Det er der lidt tvivl om, men pyt med det. Med kristendommens opfattelse af Himmel og Helvedes placeringer kan man ikke længere have guder, der bor under en rod nede i jorden.

Ørnen Ræsvæg, har jeg ikke set endnu. Den sidder også deroppe, lige under høgen og laver vind og vejr med sine vinger. Men jeg har hørt dens vingeslag mange gange, når det rigtigt suser i bladende. Måske er dens tilstedeværelse årsagen til, at ørnen fra Vorsø sætter sig i toppen af naboens grantræ i stedet for oppe i den langt højere ask.

Jeg har derimod masser af gange set det lille egern, Ratatosk, der betyder gnavertand. Mest, når det var blevet træt og lå på en af træets mange afsatser og tog solbad. Måske var det derfor, det var så rødt.

Egernets funktion er at sørge for at sende informationer fra top til bund, og på sin specielle måde sørge for, at disse informationer også en gang imellem sår splid mellem på den ene side fuglene med deres tætte relation til guderne, og på den anden side drageslangen under rødderne og dens tætte relation til dødsriget Hel i Niflheim. Det gjorde den ved ikke kun at bringe nyt fra den anden ende af træet til den anden, men også at sprede alle mulige rygter og historier om modparten.

Oh, hvilket herligt egern. Ekstrabladsjournalisten i Yggdrasils store verden. Budbringeren, der piler op og ned ad træet. Dens opgave er nemlig i min forståelse ikke sådan rigtigt at skabe splid. Mere sådan at sikre balancen mellem de forskellige verdener. Mellem sort og hvidt. Mellem Asgaards guder og Jotunheims Jætter. Mellem disse to verdener og dødsriget i Niflheim. Uden balance mellem dem, går det galt. Det der med de udelukkende gode guder og de kun onde djævle var sikkert heller ikke rigtigt opfundet endnu. Dem kom kristendommen vel også med, ligesom den kom med andre firkantede forklaringer, i stedet for bare at komme med gode fortællinger om guddommelige drukgilder og herlige slagsmål, i stedet for at gøre guderne rigtigt menneskelige med hang til fest og ballade. Herligt at se det egern og tænke på, hvordan det farer op og ned af træet i sit arbejde for at pille glorien af dem, der sad på magten.

Jeg holder af den der funktion, som udføres af den lille "gnavertand". Den rammer ind i noget dybt i mig. Min kun lidt usikre overbevisning om, at når den offentlige mening er sikker på, hvad der er sandheden, er der for alvor grund til bekymring. Så er jeg nervøs. Så er vi tæt på dogmatisme. Så er vi tæt på fundamentalisme. Så bør vi tænke på citatet "Fri os for den offentlige mening", som Poul Henningsen har skabt. Tænk sig, at hans lamper har fået kultstatus og ubestridte anerkendelse af den selv samme offentlige mening. Jeg er ikke helt sikker på at han ville have opfattet det som en sejr.

Alle senere religioner - hvis man da ellers kan kalde den nordiske mytologi det- har savnet sådant et egern, der kunne udfordre de selvretfærdige, hvad enten de nu befandt sig over træets krone eller under træets rødder. Hvad enten de var guder, jætter eller statsministre.

Asken i Meldrup blev fredet af Jens, da vi renoverede Skættehuset, som den nærmest står der og beskytter. Fredet på den måde, at vi besluttede ikke at ville udgrave gulvet, så det kunne blive helt plant. Der er en lille niveauforskel, fordi vi ikke ville hakke rødder over, da vi planerede og støbte gulv. Det ville have været majestætsfornærmelse. Og vi var enige om, at skulle der falde en gren ned i huset, måtte vi leve med det. Bindingsværket skulle såmænd nok holde, og resten af huset kunne repareres. Det kan træet ikke.

Jeg husker faktisk også, at det for længst hedengangne blikskur bag Skættehuset var bygget hele vejen rundt om asken. Allerede da man byggede det, var der respekt for træet. Og inde i stammen sidder en brandhage. Sådan en man kunne hive et brændende stråtag ned med. Jeg kan huske at den var groet langt ind i stammen, da jeg kom her første gang. Nu er den forsvundet ind bag barken.

Desværre besluttede Jens enke, Gerda, i sin alderdom at få skåret nogle af de store grene, der gik ind over huset, af. Der er vel egentligt ikke noget at sige til hendes frygt for de der kæmpegrene, der engang imellem faldt ned. Og træet er da fortsat stateligt og et værdigt symbol på verden, der måske også er lettere amputeret og ved at gå ud i toppen.

Navnet Yggdrasil? Ja også det er da herligt: Yggr betyder den stygge. Og den stygge er et tilnavn til selveste Odin. Drasil er et højtideligt ord for en hest. Det giver ikke rigtigt nogen mening. Odins hest hedder Sleipner og har otte ben, den har da vist aldrig sat nogen af dem i et træ.

Ifølge Nordisk Mytologi er navnet Drasil måske i stedet mere en henvisning til, at Odin hængte sig i et træ som en slags offergave til ham selv som gud. Ja hvorfor ikke. Dengang var offergaver jo helt naturlige. Ved at hænge sig på den måde, fyldtes han med underverdenens visdom, af "runemagiske" evner og digterisk inspiration. Hængende heroppe i træet kunne han overskue alle verdener, (og dem var der dengang en del af), rejse i alle dimensioner og dermed skabe og styre hele verden i sin uendelige visdom og med sin vældige fantasi.

Ja ja. Alle moderne fantasier om cyberspace og lignende flerdimensionelle verdener, gå hjem og læg jer. Oppe fra asketræet kan Odin altså med sit ene øje overskue alle verdener og rejse i alle dimensioner. Det er virkelighed. Det er ikke noget, der foregår inde i computeren. Det er noget der foregår lige her oppe i træet.

Tankevækkende, at man åbenbart skal være enøjet for at kunne overskue hele verden. På den anden side kender man jo en del politisk enøjede, der er sikker på, at de kan overskue hele verden og derfor ved bedst. Måske skulle jeg skamme mig. Her sidder jeg ofte og skriver under livets træ og al dens inspiration og er alligevel ikke en bedre runemager. Måske skulle jeg bare vente på at væ-

10

re kvalificeret til at kunne drikke lidt af mælken fra geden Heidrun, der også kravler rundt deroppe. Dens mælk er det rene mjød, beregnet til de faldne krigere. Livets træ er jo lige præcist ikke kun det fantastiske symbol på livet og frugtbarheden, men så sandelig også på, at ragnarok i alle sine forskellige udformninger hele tiden rykker nærmere. Og når Ragnarok kommer, knager det gamle træ.

Asken i Meldrup er også fredet af mig, så længe mine fødder og hjerne ikke er gnavet over og spist op. Så længe træet springer ud om foråret og så længe, der er noget levende at gnave af. Så længe det skaber orden i kosmos og forbinder de forskellige verdener. Så længe det bringer vand fra Mimers brønd op imod himmelen, så dug fra grenene kan gøre hele verden grøn.

Det har træet nu fået bedre forudsætninger for. Naboen har lavet et nedsivningsanlæg ikke ret langt fra asken i Meldrup. Gad vide hvilken af Yggdrasils tre rødder, der får glæde af den slags politisk korrekte løsninger. Urds brønd med de politiske løsninger? Mimers brønd med kundskaber? Eller den der mere helvedes-agtige med slangen? En af rødderne vokser i hvert fald. Skættehusets gulv er begyndt at slå revner.

Hvor er Ratatosk for resten blevet af?

# Kapitel 1

## Fra hovbonde til selvejer

*Træstammen som symbolet på manden, der købte Meldrupgaard fri fra Stensballegård, Rasmus Jensen.*

# Hovbonden Rasmus Jensen

Det er altid et spørgsmål, hvor man skal begynde en historie. Det naturlige er vel, at begynde med begyndelsen. Men når man snakker om historie i betydningen forhistorie, slægtshistorie, lidt egns- historie og ikke mindst lidt mere kulørte overleve- rede historier, kunne det vel være en mulighed at begynde der, hvor man støder på den ældste afbil- lede person fra fortiden først. Den ældste person, man ved, hvordan så ud.

Man kan med en vis ret kunne sige, at jeg stødte på personen Rasmus Jensen første gang, jeg for alvor blev klar over, at jeg var blevet gift ind i en slægt med en historie.

Der, lige uden for indgangen til Vær kirke, hvor jeg via ægteskab trådte ind i selvsamme slægt, står en gravsten, udformet som en træstub. Det er der jo i sig selv noget helt utroligt symbolsk i. Fundamentet for slægten. Eller en milesten i Meld- rupgaards historie. En træstub af sten.

På stenen står hans navn, Rasmus Jensen, Mel- drup. Manden, som familien valgte at sætte en forstenet udgave af en træstamme som minde om.

Et par år efter brylluppet i Vær kirke, ringede min svigerfar, Jens Jensen fra gården i Meldrup. Vi boede da i Næstved, hvor også vores datter netop var blevet født:

"Hvor mange gravpladser, skal i have?" råbte han.

Når han talte i telefon, holdt han røret nærmest ud for næsen og råbte, så man skulle tro, at han ikke rigtigt stolede på, at telefonen ville bære hans stemme igennem, selv om det var dengang, der var ledning hele vejen. Det gjorde den.

*Stensballe nummer 43.*

Han må have hørt, hvordan jeg blev fuldstændig tavs, så han skyndte sig at forklare, at familiegravstedet lige uden for kirkedøren skulle ændres, så man kunne komme til at holde og vende med en rustvogn.

Hestevognens tid var jo ligesom ved at være forbi.

Sådan en kunne ellers vende på en tallerken, forklarede han mig, vel vidende, at jeg som bybarn og nærmest halv kjøvenhavner ikke vidste noget om hestevogne, og slet ikke om gammeldags rustvogne.

Da jeg således pludseligt forstod, at jeg i en alder af 27 år var blevet udstyret med en gravplads, og at min nærmest nyfødte datter ligeså, gik det for alvor op for mig, at jeg var blevet en lille del af slægten på Meldrupgaard. At jeg af den grund skulle dele evigheden med blandt andet Rasmus

Jensen, lige der, uden for hovedindgangen til Vær Kirke. At min og gården i Meldrups skæbner for en årrække var tæt knyttet sammen.At jeg havde fået et geografisk holdepunkt her i verden. Der er vel derfor al mulig grund til at finde ud af, hvem denne mand egentlig var, og hvordan slægten havde fået sit centrum, hvorfra verden går i en gammel bindingsværksgård med stråtag og lavt til loftet i Meldrup

*Rasmus Jensen. Fæstebonde, persillekræmmer og gårdejer. Værdig til at ligge under gravstens- egen*

*Mette Kirstine Jensen. Kom fra en slægt af selv-
ejere fra slægtsgården Gåsholm i Hylke og købte
den sammen med sin mand Rasmus tilbage til
familien.*

For sådan en som mig, der har boet i otte byer, og altså ikke rigtigt har en hjemstavn, var det derfor noget af en omvæltning at blive en del af et familiemønster, der jo slet ikke slutter med os. At også mine efterkommere har en gravplads og en gård i Meldrup at forholde sig til.

Kigger man hen over stenen, og er der tilstrækkeligt få blade på træerne, kan man skimte den lille landsby Meldrup. Det var her, han havde rod. Der var derfra han gav næring til slægten.

Under hans navn står hans kones, Mette Kirstine. Hun var heller ikke helt almindelig. Hendes forældre havde slægtsgården Gåsholm i Hylke, men de solgte den af ukendte årsager til sognerådsformanden. Det rådede hun og Rasmus bod på, så den atter kom i slægtens eje. Med udgangspunkt i Gåsholm, kan hendes familie føres tilbage til 1600- tallet af selvstændige landmænd-og koner. Om det senere.

Det med det selvstændige er derimod ikke så udtalt hos Rasmus Jensen på Meldrupgaard. Ja det hed gården nok ikke dengang, for fæstegårde havde vist slet ikke noget navn.

Rasmus Jensen var nemlig en såkaldt "fæstebonde" på herregården Stensballegård ved Horsens. Han boede, som en lang række af sine forfædre, på den gård, der senere fik navnet Meldrupgaard.

*Fæstebonden Rasmus Jensen mellem sin hustru, Mette Kirstine og sin bror efter et langt liv som fæstebonde*

Det betød, at han og hans folk skulle udføre hoveriarbejde for herregården, hvilket ville sige, at bonden skulle stille med mandskab og heste, når der skulle udføres arbejde på herregårdens jorder mod, at han kunne bo og dyrke jorden omkring fæstegården.

Fæstegårdene var ejet af herremanden, men var gennem generationer bolig for fæstebønderne og deres familie, som for de unges vedkommende i øvrigt principielt hverken kunne flytte eller sige op, uden herremandens samtykke.

Mens hoveriet mest af alt var en slags overenskomst om betaling af lejen af gården ved at arbejde på herregardens jorder, hovmarkerne, var "stavnsbåndet" en lov om, at de arbejdsduelige mænd ikke kunne rejse væk fra herregårdens område. En lov, der var indført for at holde på de unge, der ellers muligvis ville flygte fra det nogen gange hårde hoveriarbejde. Stavnsbåndet blev indført for at afhjælpe en alvorlig landbrugskrise i 1730'erne, som bl.a. skyldtes svigtende efterspørgsel fra Danmarks traditionelle eksportlande.

Her begyndte så den egentlige afvandring af folk fra landet til byerne, hvilket yderligere medførte, at det kunne være svært at få befolket fæstegårdene, og dermed at skaffe arbejdskraft til de store gårde.

Endelig skulle militæret jo bruge folk. Militærtjenesten påhvilede i praksis "de mindre egnede" i landbruget, fordi det var den lokale godsejers opgave at finde mænd til landmilitsen, og han valgte nok ikke den bedste arbejdskraft. Den kunne han selv bruge.

Jeg ved ikke, om det nogensinde har været tilfældet for Rasmus Jensen og hans familie og forfædre.

Det var i hvert fald argumentationen for stavnsbåndet.

Fæstegårdenes pligt til at stille med arbejdskraft, "hoveriarbejde", udviklede sig op gennem 1700-

tallet visse steder til en betydelig byrde for land-befolkningen, der i øvrigt ikke var videre højt reg-net i samfundet.

Efterhånden som årerne gik, blev hoveriarbejdet mange steder til nærmest slavelignende tilstande med afstraffelse og en ridefoged med pisk, der skulle sørge for at de bønder nu også arbejdede. Sådan er det folkelige billede, i hvert fald. Og så-dan var det måske også nogle steder.

Helt så galt var det nu nok ikke på Stensballegård. Det er der i hvert fald ikke noget, der tyder på.

## Fire hovbønder i Meldrup.

Der kendes forskellige hoverikontrakter for Stens-ballegård, men en fra 1791 viser lidt om byrden. På det tidspunkt var der i alt 54 hoveripligtige bønder, hvoraf de fire boede i Meldrup.

Tilsammen skulle de mere eller mindre dyrke hovmarker på i alt 361 tdr. land, og der var i kon-trakten nøje anvisninger på, hvilket arbejde, der skulle gøres. Pløjning, harvning, høstning og ind-kørsel af korn skulle de "forrette, hvorved dog ikke flere vogne bør være tilsagte af gangen end ved aflæsning i laden uden betydeligt ophold kan mod-tages". Meget praktisk. Ingen grund til at heste-vognene holdt i kø. Det var der god grund til, også set fra herremandens side.

Gården i Meldrup skulle således stille med i alt 13 spanddage (vogn med heste) og 18 gangdage, hvoraf alene seks "spandage gik med "rejser til Horsens eller lige lang vej." Og de spandage var det bare om at udnytte bedst muligt.

På det tidspunkt gik turen til Horsens hele vejen rundt om Nørrestrand, da færgen ved sundet ikke lige var beregnet til hestevogne. På visse årstider, specielt om sommeren, var det dog muligt at køre over, når vandet var lavt nok. Havde man en enkelt hest med, kunne den svømme over sundet efter færgen. Men ikke en hest med vogn.

Det var ikke kun herremanden, der gjorde krav på bønderne i Meldrup. Også præsterne i Vær kirke har lagt beslag på dem. Og det var ikke just med sympati, præsterne så på bønderne. Sognepræst Jens Schmidt, der blev præst i Vær i 1771, og i øvrigt bortforpagtede det meste af præstegårdens jorder til bønderne i Meldrup og Blirup, skrev således om udkørsel af møg på markerne kaldet "Balle Lykken," den 30.10 1773, at han fik *"hele Balle Lykken indkastet ved de Stensballe, Haldrup, Meldrup og Blirup karle, som var omtrent 520 favne og kostede mig 18 potter brændevin, fire pund tobak, noget brød og noget ost"*, hvilket præsten møjsommeligt gjorde op til en udgift på 5 rigsdaler.

Balle Lykken lå, efter hvad man ved, på den vestlige side af den nuværende Værvej.

Bønderne fik da i det mindste kosten for deres ulejlighed, men alligevel lidt forståeligt, at de gik hårdt til brændevinen og tobakken.

De fik nu heller ikke smidt møg ud på alle marker den vinter, fordi, som præsten så syrligt bemærker, "nogle af Haldrup og Meldrup ej kom på den belejlige tid."

Så kan du tygge lidt på den, præst. Bønderne i Meldrup er ikke sådan at drive rundt med. Det var ikke eneste gang, der var vrøvl med de Meldrup-bønder. De var også med, da der engang var tiende-boykot af præsten. Det vil sige, at bønderne ikke ville betale den tiendedel af deres avl til præsten, som var normalt. Præsten overlevede imidlertid alligevel. Bønderkonerne var knap så genstridige som deres mænd. Så mens mændene boykottede præsten, gik konerne til præstekonen ved køkkendøren med mad og drikke.

Stavnsbåndet blev afviklet som led i Landboreformerne af 20. juni 1788 med en overgangsperiode indtil 1800. Nogenlunde samtidigt med stavnsbåndets ophævelse gennemførtes en lang række landboreformer, herunder blandt andet muligheden for, at fæstebønder kunne købe deres fæstegård, men måske endnu vigtigere, at herremanden ikke kunne bestemme, at hovbønderne og deres sønner ikke måtte flytte. Til et varigt minde om, hvad der er blevet kaldt "Stavnsbåndets ophævelse", rejstes på foranledning af kredse i København Frihedsstøtten på Vester Brogade i København.

## Frikøbet

Det var som nævnt tilsyneladende ikke rigtigt hårdt at være hovbonde under Stensballegård. I hvert fald gik der et godt stykke tid, inden der for alvor skete noget i Stensballe med hensyn til at frikøbe gårdene, som loven gav ret til. Men den 31. juli 1854 frikøbte Rasmus Jensen den daværende fæstegård, Matrikel nr. 3 Meldrup by fra "Stamhuset Stensballegårds Gods" som der står skrevet i frikøbelsesdokumentet.

*"Jeg Kammerherre og Generalmajor Baron Kragh Juell Wind Arenfeldt til stamhuset Stensballegård sælger herved i kraft af kongelig allernådigste bevilling af 7.september 1853 til Rasmus Jensen den gård i Meldrup bye, Wæhr Sogn , som han har i fæste"*

Købesummen var 1800 "Rigsdaler Rigsmønt", som blev afviklet med 200 rigsdaler i udbetaling, 250 rigsdaler skulle betales til december termin 1855 og de resterende 1350 rigsdaler skulle forrentes med 4 pct. Nu var gården i Meldrup ikke bare bolig for Jensen-slægten. Den var fra den dag af også slægtens ejendom.

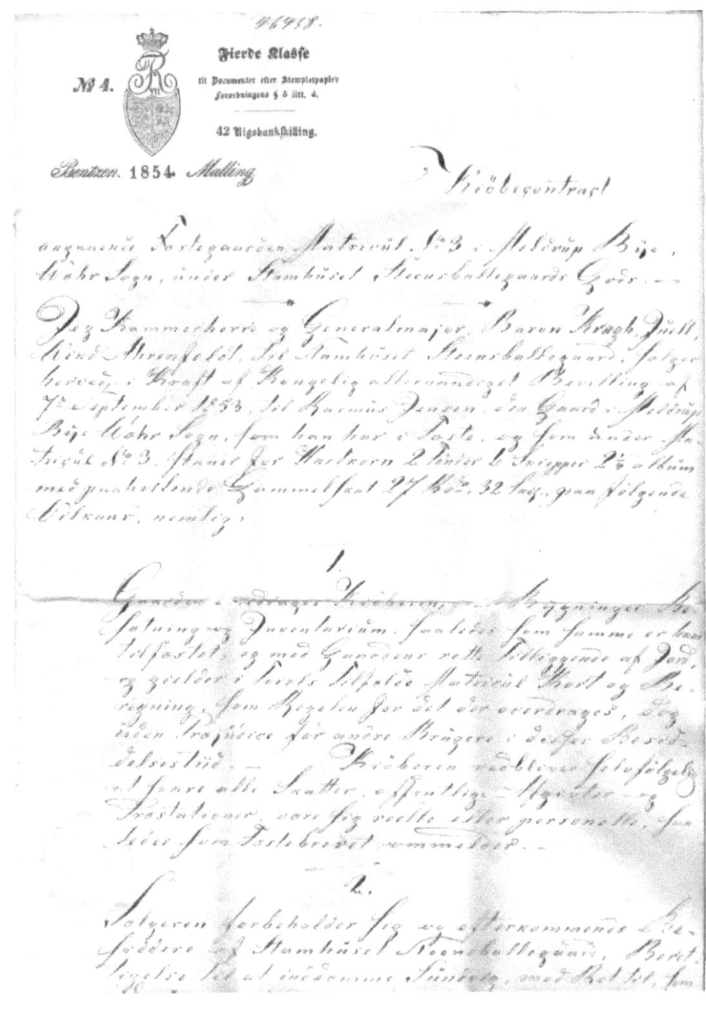

*Frikøbspapiret, der er grundlaget for, at gården i dag tilhører familien*

Alt tyder på at Rasmus Jensens familie har boet på gården i adskillige generationer forud. Intet tyder på, at familien ikke skulle have boet der siden huset blev bygget lidt før år 1700, ja måske endda før endnu. Sådan lyder i hvert fald familieoverleveringen, som jeg ikke har fundet noget, der på afgørende vis har rokket ved.

Helt uden midler kunne Rasmus ikke have været, da et kontant beløb på 200 rigsdaler var en betydelig sum på det tidspunkt, og 250 rigsdaler skulle skaffes i løbet af det følgende år.

Nu var gården altså i slægtens eje. Men lad os lige se lidt på, hvad der kan været gået forud.

# Kapitel 2

# Lidt historie

# Vær sø's betydning for verden

Selv om persillekræmmerne måske nok er det, Vær sogns bønder har været mest kendt for, var der naturligvis en historie langt forud for dem.

Vær kirke er således en af de gamle kirker. Bygget i 1200- tallet, hvor kristendommen knap var meget mere end små 200 år gammel i landet. Der har måske oven i købet ligget en trækirke på stedet først, hvilket var meget normalt dengang.

*Vær kirke set fra nordvest*

Den gamle pastor Sørensen, der netop var gået af, da jeg som journalistelev på den lokale avis i 1970 blev gift ind i familien i Meldrup, var ligesom Gejlager, en god fortæller. Han fortalte mig og Horsens Folkeblads læsere om Høgh Guldberg-

familiens yderst værdifulde tinskat, der under be-
sættelsen i 1864 blev gemt i Vær sø, men som ud
over et enkelt fad aldrig blev fundet igen, selv om
man har fisket efter dem mange gange. Men som
en gammel degn så rigtigt sagde: Der var jo an-
dre, der også kunne fiske.

Han fortalte om Vær sø, der ifølge sagnet engang
havde ligget oppe i det pragtfulde grydeformede
store dødishul på Meldrupgaards marker nord for
gården, skabt, da indlandsisen trak sig tilbage
efter sidste istid. Det ligner naturligvis bunden af
en sø. Søen havde så ifølge samme sagn senere
flyttet sig ned i det nu næsten tilgroede vandhul
nordøst for kirken. "A peshul", som det hed i fol-
kemunde.

Anden gang søen flyttede sig, endte den så i sin
nuværende position.

Og så til den alvorligere del: Tredje gang den flyt-
ter, går jorden under. Vi, der holder til herom-
kring, har altså et ganske stort ansvar for verdens
fremtid.
"A peshul" fik sit navn, da det blev fyldt op med
kvæg, der døde under kvægpesten i 1700-tallet,
hvor godt halvdelen af de danske køer døde.
Kvægpesten hærgede her på egnen med jævne
mellemrum fra omkring 1745 til 1770.

*Det store dødishul oppe i bakkerne bag gården.*

Vær sø skulle efter sigende være lige så dyb som kirketårnet er højt. Den ligger også i et dødishul, som altså er en fordybning, skabt da indlandsisen trak sig tilbage efter sidste istid. En stor klump is var blevet dækket af jord, og smeltede derfor senere end resten af indlandsisen og da den så endeligt smeltede, skabte den en spøjs halvkugleformet hul i jorden. Hullet ved Vær sø har altså vand i sig. Hullet oppe i marken er tørt, så man rigtigt kan se den imponerende og enestående form. Og måske er det rigtigt, at der engang var vand, der er løbet ned ad bakken og endt i Vær sø. I så fald ikke ret lang tid efter istiden. Jeg har ikke fundet spor af sø, skaldyr eller bare fugt i hullet oppe i marken, men har helle ikke for alvor gravet efter det.

Pastor Sørensen mente også, at dalen mod vest, hvor bækken fra Vær sø løber ned i Nørrestrand, tidligere hed Tusdal, hvilket skulle være en afart af ordet "Thorsdal", og at navnet måske derfor stammede fra, at der måske havde ligget et gudehov for den nordiske gud Thor der, hvor kirken nu ligger. Det er vel oven i købet muligvis derfor, kirken blev placeret netop der, hvor den nu ligger. Ikke en helt usandsynlig historie, da det ikke var helt ualmindeligt, at man opførte de første kristne kirker på de hedenske hellige steder.

Navnet Tusdal er, så vidt jeg kan se, ikke nogen fastslået historisk betegnelse for stedet, og jeg har da heller aldrig hørt min svigerfar omtale stedet som sådan før pastor Sørensen kom i avisen. Så måske har stedet bare fået navnet på grund af pastor Sørensens beretning i Horsens Folkeblad. Pressens magt er jo stor. Nu hedder den i hvert fald Tusdal. Men måske fik den, som andre har ment, simpelthen sit navn, fordi der var mange tudser på stedet. Det er heller ikke usandsynligt. Jeg kan nu bedre lide det der med gudehov og Thor.

Måske er pastor Sørensens forklaring på kirkens placering og andres interesse for, hvorfor kirken ligger netop der, udsprunget af det faktum, at den i dag ligger underligt alene, derude nord for Stensballe og langt fra bebyggede områder. Lidt fortabt ved Vær sø og med Nørrestrand mod sydvest. Ingen byer eller større veje i nærheden. Selv

om de sidste års udvikling af Horsens har fået by-
en til at rykke nærmere, ligger den fortsat ude,
hvor kragerne vender.

Men dengang kirken blev bygget var verden me-
get anderledes i Meldrup og omegn.

Få hundrede meter længere mod nord er der et
vejkryds, hvor vejen fra landsbyen Serridslev og
Serridslevgaard til Stensballe krydser vejen, der
nord om Nørrestrand var den helt centrale lande-
vej fra Horsens mod øst til Hov, Odder og Århus.
Kirken lå altså lige ved det største og mest trafike-
rede vejkryds øst for Horsens. Og ikke nok med
det. Der var masser af aktivitet og huse omkring
kirken.

Først seks hundrede år senere blev der bygget bro
over sundet mellem Horsens Fjord og Nørrestrand,
og så gik vejen pludselig langt uden om Vær kirke.

## Gravhøjen

Der, hvor den gamle landevej passerer Meldrup-
gaards jorder, ligger der en gammel gravhøj, som
svigerfar Jens kaldte "Møllehøj", under hvilket
navn den da også optræder i museumssammen-
hæng.

Faktum er det da også, at Rasmus Jensen i sidste
halvdel af 1800 tallet købte marken med mølle-
højen af en møller. Ifølge papirerne tilkøbte Ras-
mus Jensen i 1863 matrikel nr.3 c. af Blirup,

"Wæhr Sogn", for 2000 kr. af "møller Svend Pe-
dersen, Blirup".

En gravhøj er det i hvert fald. Både Jens og hans
lillebror Per har imidlertid også forsikret, at der
engang lå en vindmølle. Ikke at de har set den.
Men de har leget på fundamentet. Under alle om-
stændigheder vidner den om beboelse på stedet i
årtusinder, da gravhøjene jo ofte stammer fra
bronzealderen.

*Den årlige sommerprocession til gravhøjen Mølle-
høj*

Arkæologiske undersøgelser omkring gravhøjen
har fundet spor af en vej op til højen, men ellers
intet. Det er lidt mærkeligt at tænke sig, at der
her oppe på bakken lå en vindmølle, og få hund-
rede meter nordøst derfra lå en vandmølle i form

af Blirup Mølle. Resterne af den var endnu synlige med mølledam og det hele, da jeg kom på gården omkring 1970. Man kunne godt gætte på, at mølleren fra Blirup drev begge to. Det er ikke lykkedes at finde noget om møllen på Meldrupgaards mark i nogen fortegnelser over vindmøller i Danmark. Og af den grund er jeg derfor fortsat lidt skeptisk. Men når to af børnene, født på gården, har berettet om et fundament, de legede på som børn i 30-erne, må det jo være rigtigt. Og vejen op til højen fra Haldrupvejen tyder da også på det. Der har jo nok ligget en vindmølle deroppe på et eller andet tidspunkt før Rasmus Jensen købte marken af mølleren fra Blirup. Men overbevist er jeg ikke.

*Møllehøj set fra den gamle landevej.( Foto, Helena Schlup)*

Med både en vand- og en vindmølle med få hund-
rede meters afstand må der have været ret meget
gang i den i omegnen af Vær Kirke, Meldrup og
Blirup.

Og så var der oven i købet en vindmølle i Haldrup
og nede i Stensballe by og en stampemølle ovre i
Tusdal på den modsatte side af Kirken. Selv om
stampemøllen kun eksisterede i kort tid, og nok
mere var en følge af datidens lovgivning om ud-
nyttelse af vandkraft, end om noget egentligt be-
hov, var den der i hvert fald i en overgang.

Stampemøller blev mest brugt til at banke huder
til læder og den slags ting. Den omtales første
gang i 1675. I 1682 ligger den tilsyneladende for-
sømt og forladt. Og igen i 1731 har møllens fæste-
re ifølge en retssag om emnet endnu engang for-
ladt møllen og det var så det.

Der er imidlertid heller ikke tvivl om, at Møllehøj
også er en gravhøj. Sammen med gravhøjene ov-
re på Serridslevgårds marker og Galgehøj ude ved
Oddervej, er de beviser på, at der har været kul-
turer her i adskillige årtusinder. Ja der er under de
senere års arkæologiske udgravninger også fundet
spor af gravhøje både oppe på den vestlige del af
Galgehøj-udstykningen og også ovre på den anden
side af Værvej, ned mod Nørrestrand.

Børnebørnene kalder Møllehøj for vikingehøjen, og
det er da heller ikke umuligt, at der ligger en
gammel viking dernede.

Galgehøj, der ligger oppe hvor Meldrupvej og den nye Oddervej støder sammen, er sognets mest synlige gravhøj. Den har ligesom Møllehøj fået navn efter sin senere funktion. Stensballegård var i mange år herredsret, og det er blandt andet derfor, galgen stod der. Men man må jo nok også antage, at der sikkert også er tænkt på en vis præventiv virkning af en placering, der dengang kunne ses helt inde fra Horsens.

Gravhøjene er ikke udgravede, så man ved faktisk ikke, hvor gamle de er. Man begyndte at bygge gravhøje i bondestenalderen og fortsatte helt op til slutningen af bronzealderen, som sluttede med jernalderens begyndelse nogle hundrede år før år nul. De kan altså være et sted mellem 2000 og 5000 år gamle. Og måske er de oven i købet været aktive begravelsespladser i meget af den årrække og også senere.

Da man lavede arkæologiske udgravninger omkring Møllehøj i forbindelse med et skovprojekt, fandt man dog ikke grave i randen af højen, hvilket man ofte ser, når højen er overfyldt.

Marken, hvor gravhøjen ligger, er faktisk slet ikke Meldrup. Den tilhører jorderne registret under Blirup. Så man kan sige, at Rasmus Jensen købte sig ind i en helt anden landsby.

Bag marken dannede landevejen dengang skel mellem Serridslevgårds og Stensballegårds jorder. Og på det stykke vej fra Vær Kirke-krydset og til

Blirup er der ingen tvivl om at der er både lidt uhyggeligt og også lidt magi tilstede.

Det spøger deromme.

Forfatteren og historikeren Holger Jørgensen og svigerfar Jens Jensen er lidt uenige om, hvor spøgeriet er værst. Holger Jørgensen siger henne ved krydset ved kirken. Jens Jensen sagde henne ved hulvejen ned ad bakken til Blirup å. Jeg holder med Jens. Ikke bare fordi han har boet her det meste af sit liv, men også fordi jeg selv har oplevet det. Når vi sammen kørte hestevogn ad den vej, blev hestene altid urolige der i hulvejen ved bakken. Det var de for øvrigt også i Tusdal. Men det var nok på grund af tudserne.

## Mulen

Ud over alskens røveri, der gennem tiderne har foregået der i hulvejen, var der så til overflod også selveste "Mulen", som fortsat går så meget igen, at han kan skræmme to hvide Lipizzanerheste af fornem østrig-ungarsk herkomst helt op i vor tid. I hvert fald når Jens Jensen kørte dem. Og dertil kommer, at når Jens Jensens oldebarn, Marcus, skal fortælle, hvor der er allermest uhyggeligst i og omkring Meldrupgaard, nævner han lige præcist hulvejen, uden nogensinde at have hørt om Mulen.

"Mulen" var en tidligere ejer af Serridslevgaard, Henric Mule, der havde den hos bønder så voldsomt kedelige tendens, at han "flyttede skel" og dermed stjal lidt af naboens jord. Og sådan nogle karle er ifølge overleveringerne dømt til at gå igen. Til evig tid skal de uden held forsøge at rette skellet tilbage til det oprindelige. Sådan burde det også være i dag. Så kunne de der skelflyttere lære det, kunne de.

Det smukke ved historien er, at der er noget om snakken. Henric Mule og Frederik Krag på Serridslevgaard førte rent faktisk retssager om Mulens tilbøjelighed til at flytte skel helt op til højesteret.

Mulen var også på alle andre områder en strid person, der lå i evig trætte med fæstebønder og naboer. Så det var vel rimeligt, at de omkringboende bønder fik fred for ham da han døde. Men nej. Sådan skulle det ikke være

*Landeve-
jen hvor
Mulen
stadig
spøger.
(Foto
Helena
Schlup)*

Nu var der heldigvis en trolddomskyndig degn i Søvind. Niels Krarup, der efter megen anstrengelse og til glæde for bønderne i hele sognet fik gespenstet trængt ind i skolens lade og sat kors for.

Det gik nu ikke helt, som det skulle. Og det på trods af at degnen havde læst teologi og dermed også havde lært at "mane". Det lærte man dengang under teologistudiet.

Jeg ved ikke, hvad der er gået galt med præsteuddannelsen. Men de kunne altså noget mere, de præstekyndige dengang. De kunne lyse i band og mane spøgelser hinsides. Bare ikke lige spøgelset Mulen. Han slap fri og går stadigvæk løst derude på landevejen og forsøger forgæves at flytte skellene tilbage til udgangspunktet.

Man kan jo selv prøve at føle efter.

# Fortiden i Vær sogn

*Et hus fra jernalderen, der fra syd strækker sig ind over Meldrupgaards have.*

Men der var som sagt liv i landskabet meget før Mulen flyttede skel.

Ud over de mange gravhøje, er der er fundet en køkkenmødding oppe på bakken nord for gården, hvor der senere er gravet grus. En køkkenmødding er en bunke, fortrinsvis muslinge- og østersskaller fra stenalderens bopladser. Netop de to ting var i vid udstrækning basisføde dengang. Nørrestrand har således indeholdt så mange skalddyr, at man i nyere tid direkte havde en industri med opgravede skaller af muslinger og østers.

Og så naturligvis stort set overalt flintestykker, der har været afhug fra redskabsfremstilling.

Min svigerfar Jens Jensen, har også fundet en meget flot poleret stenøkse på bakken sydvest for gården, der tyder på masser af liv netop der, hvor Meldrupgaard findes.

Ud over fund helt tilbage fra stenalderen, er det først i jernalderen, der for alvor arkæologisk set er noget at komme efter med udgangspunkt i omegnen af Meldrup og Vær kirke.
Der er foretaget arkæologiske udgravninger både ved den nye udstykning sydvest for Meldrup, i selve Meldrup og også vest for Værvej.

Alle steder er der fundet stolpehuller fra huse fra jernalderen, der strakte sig fra et par hundrede år før Kristus fødsel til vikingetiden, 750 år efter Kristus. En større samling af huse fandtes ved de arkæologiske udgravninger i forbindelse med udstykningen af den nordlige ende af Galgehøjkvarteret. Her var en hel samling af huse fra før romersk jernalder, hvilket vil sige før år nul.

# Stenalderen

Da Meldrupgaards sydlige marker blev udstykket, til det, der nu er den nordvestlige del af Galgehøj-udstykningen, blev der foretaget omfattende udgravninger.

Her blev der fundet spor efter endnu en gravhøj, som anses for at være en af tre gravhøje, der menes at skulle være i det område. En anden er muligvis fundet på marken ved siden af.

Der er endvidere fundet et par stenaldergrupper.

Lidt mere interessant fra den tid er fundende på udstykningen på den anden side af Værvej ned mod Nørrestrand. Ikke blot er der fundet to enkeltmandsgrave, hvoraf den ene adskilte sig ved aldrig at have været brugt. Ikke desto mindre var den bygget efter alle kunstens regler med tydelige spor af, at bunden var glattet helt plan ud med en træplov, stensætning og det hele. Men ingen spor af noget lig. Nu kan vi jo så gå rundt og spekulere på, hvorfor man bygger en fin gravhøj med udjævnet undergrund uden grund. Det må jo have været et gevaldigt stykke arbejde.

Anderledes i den anden grav. Her blev der ikke blot fundet en yderst fin stenøkse, men også spor efter to mennesker. Sandsynligvis mand og kone.

*Her er han så. Manden, der er den ældste kendte person i Vær sogn, selv om han kun er skyggen af sig selv.*

Her har vi altså de tidligste fundne rester efter mennesker i Vær sogn. Der er ikke meget andet tilbage. Bare en skygge af lidt mørkere jord. Her er beviset for, at vi "til jord skal blive", når vi bliver begravet.

Det er rart med lidt mystik. Og den er her repræsenteret af øksen, der bærer spor efter at være lettere ødelagt af varme. Men der er intet, der tyder på brand i graven, eller andet, der kunne forklare, hvorfor der ligger en ødelagt stenøkse i en grav, der tydeligvis er lavet til en høvding, eller anden højt rangerende mand i samfundet. Og som oven i købet fik sin kone med i graven.

*Stenøksen fra graven. Hvorfor har den skader ef-
ter brand?*

*Den med træploven ard udglattede bund i en grav,
hvor den døde aldrig kom i.*

*En stenøkse, fundet på marken ved Amballevej af Jens Jensen.*

# Jernalderen

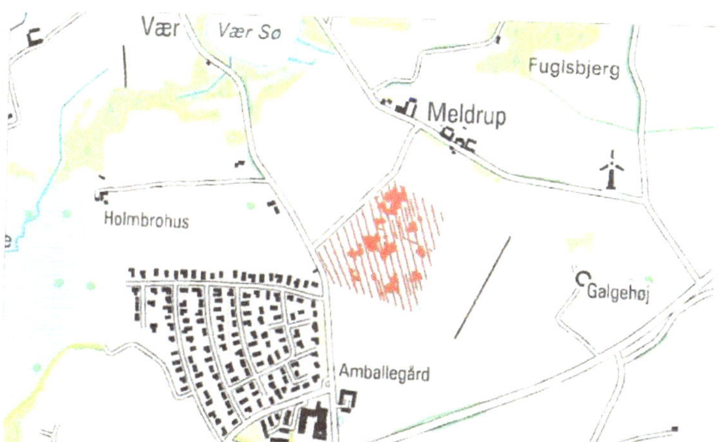


*Det skraverede område: Udgravningerne på Meld-rupgaards tidligere marker. Her lå en hel lille landsby*

At egnen i stort omfang har været beboet i forhi-
storisk tid fremgår først og fremmest af de utroligt
mange huse fra den tidlige jernalder, der er fundet
i området. Det vil sige huse fra tiden op til Kristi
fødsel, nemlig mellem 300 før Kristi og op til år
nul. Der er naturligvis også fundet en del spor ef-
ter huse fra senere perioder, men den med det
pompøse navn, før romersk jernalder er altså
overvældende rigt repræsenteret.

På udstykningen af Meldrupgaards jorder i den
nordvestlige ende af Galgehøj-udstykningen med

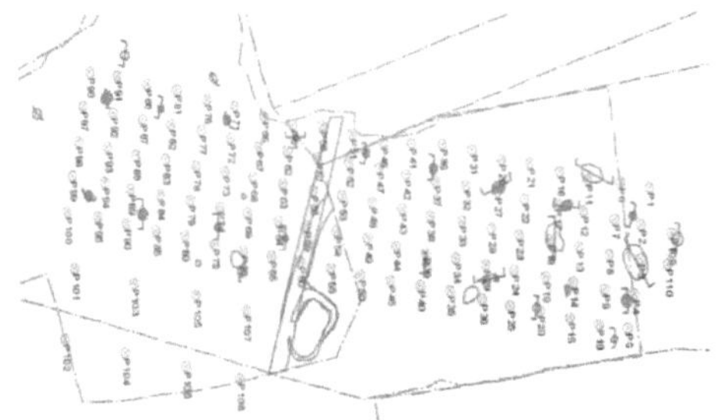

*Det mystiske hus. Forkert orienteret til at være normal beboelse.*

udsigt til Nørrestrand og Vær Kirke, blev der fun-
det ikke færre end 12 beboelseshuse, 4 staklader,
kaldet diemer, to ret specielle huse og talrige gru-
ber, hvilket vil sige affaldsgrave, og flere brønde.
Husene ligger forholdsvist spredt på området, men
langt hovedparten af dem ser ud til at være fra
samme tid.

To, der har længere spænd mellem de bærende stolper kan dog høre hjemme i middelalderen, hvor de tagbærende stolper stod i væggene, som også Meldrupgaards stolper gør det.

Der har altså ligget en hel landsby, deroppe på den gamle roemark.

De to største af husene er ret så store, nemlig 18 meter lange, og skiller sig derfor ud fra mængden. De adskiller sig også på flere måder fra hinanden. Det ene har 8 sæt stolpehuller af dem, der holder taget. Det andet ni. Og det er bygget nord-syd, hvor det almindelige var øst- vest, som det andet da også er. Det får arkæologerne til at tro, at det har haft en anden funktion, men senere fosfatprøver viser, at det hverken har været et hus med stald i, eller en lade. Det første giver meget fosfat. Det sidste næsten intet. Hvad så? Det mystiske hus på Amballevej.

De to forskellige byggeretninger tolkes som om, de to bygninger kunne hænge sammen, så der ikke blot er tale om et beboelseshus i en storbondes gård, men to huse i samme gård. En sand storbonde.

Nu er der bygget nye huse over dem begge, så problemet er atter begravet.

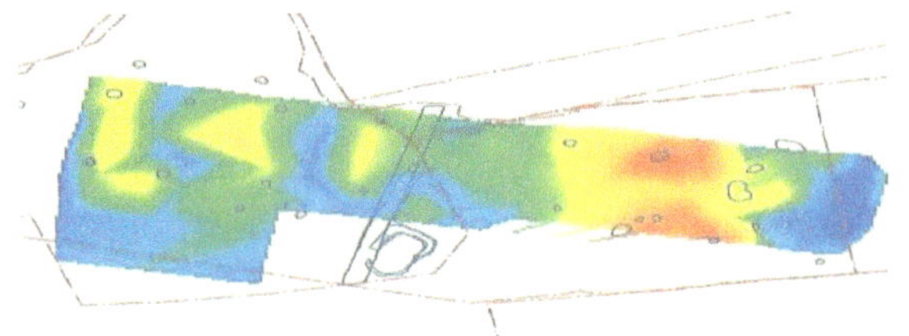



*Fosfatundersøgelse af det mystiske hus. Blåt er
sådan som en lade uden fosfortilførsel ville se ud.
Rødt er staldmiljø med meget fosfat. Og gult lidt
af hvert som i en beboelse Vælg selv.*

## Nok en jernalderlandsby

*Det udgravede område. Der er simpelthen huse
overalt. Gravhøjen er nederst i midten. Den noget
nyere gård til højre er flyttet ud fra Meldrup ved
en brand i begyndelsen af 60-erne.*

Den nye udstykning på den anden side af Værvej ned mod Nørrestrand er om muligt endnu mere spændende. Ud over de føromtalte mærkelige grave fra stenalderen, er der ligeledes her fundet en hel stribe af jernalderhuse. Ikke mindre end 45 styks. Enkelte pænt store, og flere af dem placeret modsat den normale øst-vest måde at bygge på i den tid. Altså ligesom på Galgehøj-udstykningen.

Der er også foretaget foreløbige udgravninger på marken på den anden side af Værvej syd for Vær sø. De viser, at der også her er jernalderhuse, om end ikke i samme omfang som på den modsatte side af vejen.

Derimod er det begrænset, hvad der fundet på den resterende del af Galgehøj- og Amballegård-udstykningerne.

Der er således et tydeligt billede af, at der har været ret så meget bebyggelse i jernalderen hele vejen langs Værvej fra indkørslen til Galgehøjkvarteret og ned mod kirken.

Så selv om Herdis Jensen og hendes familie i hvert fald har boet på stedet i over 300 år og frikøbt gården fra Stensballegård, har der boet folk i Meldrup og omegn og på Meldrupgaards jorder i langt længere tid.

Jernalderhusene ligger altså fra toppen af ”amballen” og ned mod Meldrupgaard. Men de var også rigt repræsenteret på den anden side af Vær kirke.

Så det er lidt spændende om markerne midt imellem også har spor af huse.

I så fald taler vi om en by af forbavsende omfang.

*Eneste "billede" af Væhrholm med palisade. Det ser ud som om den lå tæt ved kirken.*

## Mysteriet Væhrholm

Efter jernalderen har hele tre herregårde ligget i gåafstand fra kirken, nemlig Serridslevgaard, Væhrholm og den mest berømte af dem, Stensballegård.

Hovedgården Væhrholm har ligget tættest på kirken. Præcist hvor, ved man ikke rigtigt, men et sted mellem kirken og Nørrestrand er den almindeligste antagelse. Den eneste eksisterende lille tegning af noget, der symbolsk skulle forestille Væhrholm, tyder på at den lå tæt ved kirken.
Jens Jensen har flere gange fortalt, at han har set noget af fundamentet ned mod Nørrestrand, hvor

Meldrupgaard på linje med alle de andre gamle jordejere også har mindre jordlodder. Han har for mange år siden vist mig hvor, men det nærmeste, jeg nu kan komme stedet, er lige vest for den lille bæk, der løber fra søen og ned til Nørrestrand.

Jeg er ikke i tvivl om, at hvis der har været noget tilbage af den gamle hovedgård i sidste århundrede, har Jens i sin barndom leget på stedet. Så et fundament har han altså stødt på. Jeg tror ikke, at der har været et sted langs den bæk, han ikke har gennemtravet mange gange. Hans datter Herdis mener fortsat at kunne finde stedet. Også hun har leget der som barn.

Nu er der jo altid, når det gælder fortiden, sådan lidt med nogle kendsgerninger, der skal på plads. Væhrholms marker blev i slutningen af 1600 tallet udstykket til fæstegårde, der fortsat ligger, hvor de blev lagt dengang. Så jordarealet er der ikke så meget tvivl om. Det er lidt længere mod nordvest end Jens fortalte om. Så de fundamenter, han legede med som barn kunne være noget helt andet.

Han nævnte nemlig til gengæld aldrig den stampemølle, der skulle have været et sted langs bækken fra Vær sø. Det giver jo trods alt muligheden for, at fundamentet, han snakkede om også kunne have tilhørt den. Men nu er begge dele altså forsvundet ud af virkeligheden, om end de har været beskrevet i gamle dokumenter.

54

Jens har fortalt meget om bækken. Blandt andet skovlede man på et tidspunkt i hans ungdom simpelthen ål op af bækken med en møggreb, når ålene var på vej op mod søen. Ja selv over marken fra Vær sø og ned til mosehullerne ved Fuglsbjergvej, kunne man samle dem op i vådt vejr, hvor de snoede sig hen over jorden. Mosehullerne er nu genetablerede som små søer.

Den forsvundne Værholms placering er altså fortsat lidt af et mysterium.

Lærer Gejlager samlede på anekdoter og historier. Så måske var det netop den forsvundne Væhrholm, der optræder i den her Gejlager-historie fra hans bog ”Sagnet går:”

”I middelalderen lå der, hvor Vær Sø nu ligger, en borg, hvis ejer og beboere var meget ukristelige mennesker. Sommeren igennem drog de land og rige rundt, røvede og plyndrede, hvor de kunne komme til det. Vinteren gik med store drikkeorgier og anden umoralsk levevis. De førte i det hele taget et meget ukristeligt liv.
En nytårsaften blev de, da drikkeriet var på sit højeste, enige om at drive gæk med præsten. De hældte derfor en masse brændevin på en griseso, til den var døddrukken, klædte den ud, og lagde den i en seng. Derefter sendte de bud til præsten, om han ville komme og give deres gamle bedstemor den sidste nadver, da hun lå for døden. Præ-

sten kom og udførte pligtskyldigt sin gerning, og da belysningen var meget sparsom, anede han ikke uråd, før han ville give den syge alterbrødet. Først da gik det op for ham, at han var blevet holdt for nar, og opstemt af sorg, og vrede flygtede han hovedkuls derfra, fulgt af mændenes hånlatter og ukvemsord.

Da præsten var kommet et stykke bort fra borgen, vendte han sig om og lyste denne og dens beboere i band. Straks begyndte borgen at synke, og vandet væltede frem fra alle sider, og i løbet af kort tid var området forvandlet til en sø. Præsten havde i skyndingen glemt sin bibel, men den kom sejlende i land til ham på en stol."

En anden historie: Tre herregårde, hvor herremændene ifølge folkemunde, (og det er nu også mig), spillede kort med hinanden. Og indsatsen var herregårdene. Boller Slot var med i spillet, og da den nemmeste transportvej dengang var over vandet, har det ikke været noget større problem, at det lå på den anden side af fjorden. Efter sagnet gik ejerskabet af de der herregårde derfor lidt rundt om fjorden. Jo, der blev fortalt historier ved tællelampens skær på de små gårde omkring Vær kirke. Og måske er det virkeligt derfor Væhrholm er forsvundet. Spillet bort.

Den fandtes i hvert fald i begyndelsen af 1400-tallet, hvor Margrete den første ejede den. Det tyder jo lidt på, at det dengang var en større sag.

Og store gårde havde det jo med også at skulle bygge kirker. Da noget tyder på, at gården måske lå på marken nordvest for kirken, er der jo pludseligt også mening med vejkrydset deroppe.

Se nu er der jo altid plads til lidt gætteri, når der ikke rigtigt er nogle historiske fakta, der kommer i vejen.

En sådan gård må jo have haft noget jord. Og mon ikke, at det gamle kort fra 1600-tallet, der viser en lille blind vej fra kirken til Meldrup kan være med til at retfærdiggøre et gæt om at selveste Margrete den første har ejet den jord, Meldrupgaard ligger på. Imod tæller lidt, at Væhrholm dengang omtales som bondegård og først senere blev en hovedgård. Omvendt er store gårde med ordet "Holm" som regel befæstede med en voldgrav.

Dronning Margrete havde netop på det tidspunkt gennemført en forordning, som forbød borge og forsvarsværker som tårne og palisader, fordi adlen byggede for mange borge og fæstningsværker. De kunne jo ikke bare bruges mod tyvebander og røvere, men også som forsvar mod selve tronen. De kunne altså være en trussel mod kongedømmet.

I stedet byggede herremændene så volde og voldgrave, hvilket betød, at der var basis for at kalde borgene for et eller andet, der endte på holm. Og lige præcist en voldgrav menes Væhrholm at have haft. Rester af den skulle være set så sent som i 1880.

Så måske var den en rigtig borg, da Margrethe havde den. Og måske strakte dens besiddelser sig til Meldrup.

Lidt kongelig har man vel lov at være.

Ifølge tidligere lokalformand for Dansk Naturfredningsforening, foredragsholder og forfatter Holger Jørgensen er der noget, der taler for, at den forsvundne hovedgård har ligget nordvest for, og ganske tæt på kirken.

Den blev ikke fundet, da man lavede arkæologiske udgravning på jorden til den nye kirkegård nordvest for kirken. Men det er da en nærliggende tanke, at Vær kirke begyndte som en slags gårdkirke, som mange af de tidligste kirker blev.

Der er noget spændende over en forsvunden hovedgård. I min verden kan den godt have ligget inde på marken der nordvest for den nye kirkegård med udsigt over Nørrestrand og med vejkrydset og kirken meget tæt på. Så hænger det hele lidt sammen.

Når først man har tænkt tanken, er det umuligt at se ud over de kuperede marker uden at tænke over, om en af bulerne har været hjemsted for gården, der har givet navn til kirken og dermed til hele sognet.

*Munkestenene i stue vægen i stuen er måske genbrug fra den nedrevne Værholm.*

Det var i hvert fald Griffenfeldts datter, der sammen med sin mand overtog og udstykkede Væhrholm, nogle år efter at hun overtog Stensballegård med tilhørende kirke, hvor både hun og hendes fars kister nu står i tårnet.

Væhrholm fandtes derfor i hvert fald op mod år 1700, og det er på det tidspunkt, Meldrupgaard er bygget, så måske er de gamle munkesten, vi har set i fyldningerne i det gamle bindingsværk, genbrug fra den forsvundne herregård. I hvert fald har vi set masser af den slags store mursten, munkesten, som netop dengang kendetegnede herregårdsbyggeri, da vi restaurerede stuehuset i 2012-13.

*Vægge af munkesten.*

Rigets største ejendomsspekulant i midten af 16-tallet var rentemester Henrik Møller. Han købte i 1661 Stensballegård og Væhrholm. Han havde på samme måde opkøbt mange andre herregårde i Danmark og var uden tvivl en meget foretagsom mand.

Som det jo en gang imellem går sådanne ejendomsspekulanter, gik han fallit og Stensballegård og Væhrholm blev taget som pant af en anden af rigets mest velhavende mænd, borgmester Hans Nansen i København.

Han havde en datterdatter, Karen. Da hendes forældre døde, blev hun som 10 årig opfostret i borgmesterhjemmet til hun som 14 årig blev gift med selveste Christian den femtes kammersekretær Peder Schumacher, fødte et barn, og døde så som 16 årig i barselsseng, da hun skulle have nr. to.

Barnet var Charlotte Amalie.

Hun blev starten på en lang række væsentlige hændelser i og omring Meldrupgaard, Stensballegård og hele Vær sogn.

# Kapitel 3


# Charlotte Amalie og Peder Griffenfeld

*Griffenfeld i bibliotekshaven lige over for Christiansborg.*

# Peder Griffenfeld

Charlotte Amalies far var ikke en hr. Hvem som Helst. Man kan bestemt heller ikke just sige, at han fik et normalt liv.

Peder Griffenfeld, der var rigets absolut mægtigste mand efter den enevældige konge, giftede sig aldrig igen og fik derfor kun dette ene barn.

Griffenfeld var en normbryder på stort set alle områder, og måtte senere betale en meget dyr regning for at være klatret helt til tops i riget. Ja han var dengang ubetinget rigets mægtigste mand.

I dag møder vi ham i Vær kirke, hvor han ligger i tårnet omgivet af sin kone, datter og svigersøn.

"Højvelbårne herr Peder Griffenfeld, greve til Samsøe, Bratisborg og Wisborg, Ridder af Elephanten og Dannebraage, Koning Christian den V Rigets Canzeler, Geheimeraad og Obersecreterer samt præsident udi alle Hans Mayt. Collegier."

Jow jow. Finere kunne det ikke blive under en enevældig konge. Og det står lige der på undersiden af den inskriptionstavle, der kan ses på hans kiste.

Og så var han oven i købet født borgerlig, i en tid, hvor adelen normalt bestred alle den slags topjob. Det er i dag nok ganske vanskeligt at forstille sig, hvilken hån mod den regerende overklasse, adelen, Griffenfelds position i riget var. Og han var på den anden side sikkert også en enorm inspiration for andre "borgerlige," der gennem ham så en mulighed for at blande sig i samfundets top, i det ellers ganske lagdelte samfund. Hvis man fraregnede den enevældige konge, var han absolut rigets nærmest enerådige administrator.

Han var født midt i København, nær Rundetårn. Hans forældre, Joakim Schumacher og Maria Motzfeld kom fra Tyskland og bosatte sig i København. Faderen var en velhavnede vinhandler, og sammen fik de i 1635 sønnen Peder Schumacher, senere adlet til Griffenfeld.

Griffenfeld var altså anden generations indvandrer.
Han kom som 4-årig i privatskole, blev student som 12-årig, og som 19-årig havde han afsluttet sine studier ved Københavns Universitet, først og fremmest i teologi, men også lige i østerlandske sprog, jura og medicin.
Som 15-årig skriver han en afhandling om nerverne og uringangene, der senere får anderkendelse af den højeste sagkundskab på området, ligesom han var højt estimeret som juridisk kyndig. Om han også høstede hæder i sine østerlandske sprog ved jeg ikke.

Under svenskerkrigen studerede han i alt i ni år ved en række af de største udenlandske universiteter samt virksomheder inden for handel og industri i Europa. Han studerede således i Tyskland, Holland, England, Frankrig, Italien og Spanien, og det var en udsædvanlig veluddannet ung mand på 28 år, der vendte hjem til København og straks fik stilling ved kong Frederik d. 3.s hof.

Var dette usædvanligt, var det måske endnu mere usædvanligt, så hurtigt han steg i graderne. Han endte som rigskansler med stort set uindskrænket magt, og den brugte han dygtigt. Ingen tvivl om, at riget var godt tjent med hr. Griffenfeld for bordenden. Men jo mere succes, han havde, jo mere var han en tårn i øjet på den magtfulde adelsstand.

Nu var samfundet naturligvis helt anderledes end i dag. Bestikkelse var blandt andet en del af hverdagen dengang. Udnævnelser til embeder, byggetilladelser og meget mere, fik man blandt andet ved at lægge en erkendtlighed til de bevilgende personer. Og udnævnelser til de fineste embeder i landet fik man ved at betale til Griffenfeld.

I 1676 gik det galt for den mægtige mand, der på et tidspunkt oven i købet havde tilsluttet sig den øverste klasse ved at blive adlet til greve og ridder af Danmarks fineste orden, elefantordenen, der ellers normalt kun gives til kongelige, statsoverhoveder og meget få andre.

## Arrestationen

Han blev arresteret midt om natten, anklaget for landsforræderi, majestætsfornærmelse og enkelte mere almindelige anklager, så som bestikkelse. En sådan arrestation kunne naturligvis kun ske ved kongens udtrykkelige ordre.

Hvad der lå bag ved kongens beslutning, kan man kun gisne om. Faktum er det, at Chr. 5. mistede tilliden til ham, sikkert efter talrige intriger fra adelens side. Måske også fordi han, modsat kongen, var modstander af krigen for at tilbageerobre Skåne, som da også blev tabt. Det kan naturligvis have irriteret kongen. Selv arbejdede Griffenfeld i stedet for en genforening med de nordtyske hertugdømmer. Måske var der noget for hans fjender at komme efter i det diplomati, den enerådige rigskansler lavede på det område, men den almindelige historiske og juridiske opfattelse er dog, at han var uskyldig i alle de alvorlige anklager, ud over det med at have modtaget bestikkelse. Og det var ikke bare ret så almindeligt, ja nærmest fuldstændigt naturligt i den slags stillinger dengang. Og bestikkelse kunne heller aldrig have medført den dom han fik.

Resultatet var nemlig, at han blev dømt til halshugning.

På film bliver skurken altid benådet i sidste øjeblik, mens hovedet ligger på blokken og venter på øksen. Det skete også her. Bødlen stod med sværdet over den knælende Griffenfeld, da meddelelsen om benådning kom med bud fra kongen. Frifundet blev han dog ikke. Men dommen blev i sidste øjeblik ændret til livsvarigt fængsel.
"Denne nåde er hårdere end døden", sagde han lige der på skafottet. En udtalelse, der var en sand statsmand værdig.

Hans henslæbte resten af livet i fangenskab i Norge, og blev først benådet lige før sin død i 1699.

*Manden helt til venstre nåede lige at komme for at redde Griffenfelds hoved. På hans papir står "Gnade". Man talte skam tysk på hoffet. Vist nok samtidigt stik.*

Efter hans død fandt man en nyresten på størrelse med hønseæg i hans krop. De findes endnu på Medicinsk Historisk Museum

Hans eneste datter Charlotte Amalie, der som nævnt boede på Stensballegård, fik dog trods flere

forsøg, ikke lov at få ham hjem, hverken da han blev løsladt, eller da han kort efter døde. Hun smuglede alligevel kisten til Stensballe, hvor den blev begravet i krypten under kirkegulvet.
Nogle år senere blev den hentet op og placeret i tårnet, hvor den nu står sammen med datter, svigersøn og hans hustru, Karen Nansens kister.

Charlottes Amalies mor, Peder Griffenfelds kone, var altså Karen Nansen, som var datterdatter af Københavns stenrige borgmester, Hans Nansen. Da Peder Griffenfeld som 34 årig rigskansler i 1670 giftede sig med den kun 14 årige Karen, var det derfor en yderst velhavende pige, han giftede sig med, selv om det økonomisk nok ikke havde den store betydning for ham. Men det havde det for Vær sogn. Hun var ikke bare rig. Hun var hovedrig. Og de penge arvede hendes datter.

Karen blev gravid, og fødte datteren Charlotte Amalie, og døde så som 16-årig i barselsseng, efterladende sig sin mægtige mand som enkemand og med en lille datter.
Griffenfeld giftede sig aldrig igen.

Det siges godt nok, at prøvede at fri til en fransk prinsesse, som dog slet ikke kunne se sig selv som gift med en person, der var født borgerlig. De der rigtige prinsesser er nu sarte.

*Charlotte Amalie Griffenfeld*

# Charlotte Amalie

Der er vel ingen tvivl om, at det var en usædvan-
lig kvinde, der med sin arv efter sin mor, som 13
årig overtog Stensballegård og hele Vær sogn.
Hendes fars formue var derimod blevet beslaglagt,
da Peder Griffenfeld, ud over dødsdommen, blev
frataget al ære og jordisk gods.

Om hun købte den eller arvede den af sin mor,
ved jeg ikke. Men borgmester Nansen havde den i
hvert fald som pant for den gæld, rentemester
Møller skyldte ham.

Der er faktisk flere forklaringer på, hvordan denne
datter af Griffenfeld overhovedet endte i Stensbal-
le og her muligvis satte gang i en proces, der

gjorde området til noget særligt. Den mest enkle er, at gården tilhørte hendes bedsteforældre og at hun derfor simpelthen arvede den gennem sin mor, da hun var 13 år.

En anden forklaring er, at hendes værge anbragte noget af hendes betydelige formue i gården ved et køb i 1685.

Hun giftede sig derefter som 18-årig med enkemanden, baron Frederik Kragh. Kvinder kunne jo ikke klare sig selv dengang, selv om de var umådeligt rige.

Familiens ejerskab holdt til 1928, hvor den nuværende ejer, Henriks Ahlefeldt Laurvigs bedsteforældre købte herregården. Så i hele den periode, hvor Herdis familie har boet som hovbønder i Meldrup, var det Charlotte Amalies efterkommere, der ejede Meldrupgaard.

Når hun giftede sig med Frederik Kragh, der nok var baron, men så vidt det berettes, i modsætning til Griffenfelds datter ikke noget lyst hoved, kan det naturligvis have forskellige gode grunde. En af dem var vel, at det ikke var almindeligt, ja nærmest umuligt, at en ung kvinde drev et gods. Dengang var det fuldstændigt ligesom i de mere ortodokse lande helt her op i nutiden: Kvinden blandede sig ikke i erhvervslivet. Men mon ikke der var lidt vikingeånd i Charlotte Amalie?

Se nu er det sin sag at påstå, at baronen var mindre begavet end Charlotte Amalie. Men selv om man ikke skal tro på alt, hvad nordmænd siger, må man i hvert fald indrømme, at det ikke er det

bedste skudsmål,
de har givet ham
som statholder i
Norge fra 1713 til
1721:

*"En indskrænket
nærig og temme-
lig brutal mand,
som på ingen
måde var sin høje
stilling værdig."*

*Charlotte Amalie Griffenfeldt.*

En anden grund til Charlotte Amalies valg af ægte-
fælle kunne derfor udmærket være, at Frederik
Kragh stod sig godt med hoffet, og med tanke på
Charlotte Amalies veneration for sin far, kan man
jo godt få den tanke, at hun måske håbede, at
han kunne lægge et godt ord ind for hr. Griffen-
feld, der var lukket inde på fæstningsøen Munk-
holm i Norge, hvor han sad og mere eller mindre
rådnede op.

# Kapitel 4

# Persillekræmmere
# og høravl

# Persillekræmmerne.

Vær Sogns glansperiode startede uden tvivl med Charlotte Amalie Griffenfeld. Hun ombyggede Stensballegård, udstykkede Væhrholm og hun byggede fæstegårde over hele sognet, herunder Meldrupgaard.

Og hun indførte bønder fra Holland til at bebo disse gårde. Det var dem, der blev persillekræmmerne. Det var dem, der indførte frugttræer og begyndte at dyrke gulerødder. Det kunne man nemlig i Holland.

Ja det har jeg kun en ting at have i, nemlig slægten på Meldrupgaards egen opfattelse af deres fortid. Jeg ved godt, at den almindelige historiske opfattelse er, at det var indførte gartnere fra Tyskland, der lærte hovbønderne kunsten at dyrke frugt og grønt. Og det kan da også godt være tilfældet. Men de kunne nu det meste i forvejen.

Der er væsentlige argumenter, der taler for, at hollænderne kom til Stensballe kort efter Charlotte Amalie.

Et af dem er, at pigen fra Københavns absolutte top-overklasse var særdeles bekendt med frugt og grønt, da der ca. hundrede år i forvejen var indført hollændere til Amager, hvorfra de forsynede hovedstadens finere indbyggere med disse luksusvarer.

Når hun nu som ung indehaver af Stensballegård skulle tilbringe sit liv i Vær sogn, er det vel helt naturligt, at hun ville have disse luksusgoder med sig, nu da hun gennem sin betydelige arv havde muligheden.

Og i slutningen af 16-tallet var frugt og grønt ikke noget, man i videre udstrækning kendte til i Jylland.

Det passer tidsmæssigt med skabelsen af landsbyen Meldrup, og det passer tidsmæssigt med hendes nedrivning af Væhrholm og udstykning til fæstegårde.

Svigerfar var slet ikke i tvivl om sin oprindelige hollandske herkomst. Holland blev da også mine svigerforældres foretrukne rejsemål med mange venskaber og forbindelseslinjer til følge.

Persillekræmmerne er adskillige gange malende omtalt i Gejlagers bøger. Hvordan de rejste Jylland tyndt med deres varer. Markederne i Viborg og Holstebro blev jævnligt besøgt og over hele Jylland var gulerødder kun kendt som "Stensballerødder". Herfra stammer junker-æbler og andre fine sager. Så fine, at det var et udbredt scoretrik, at unge mænd forærede deres udvalgte en pose æbler. Det var noget, der kunne få pigernes hjerter til at smelte, og som skæppede godt i kassen hos hovbønderne i Vær Sogn.

Talrige er beretningerne om turene vestpå med de fyldte hestevogne. Rundt om Nørrestrand og videre mod Nr. Snede og Hærvejen.

*Et af de gamle æbletræer har opgivet ævred og lagt sig ned. Der får det lov at ligge til minde om de navnkundige persillekræmmere*

Når de i kolonner drog hjemad adskillige dage efter, og de havde haft en god afsætning, blev der fejret lidt rigeligt på kroerne på vejen. Og når persillekræmmerne syngende nåede frem til den anden enden af Nørrestrand, kunne de høres over hele Stensballe. Den fik ikke for lidt. Kun overgået af nutidens koncerter med Rolling Stones, Madonna og alle de andre på Horsens Stadion.

Persillekræmmerne har sat sig spor helt op til nutiden. Der er fortsat frugtplantager tilbage, og for-

76

tællinger om folk fra Vær Sogn, der har vundet hæder ved grønsagsdyrkning findes også. Persillekræmmerne var uden tvivl nogle af de dygtigste og mest anerkendte grønsagsdyrkere i hele Jylland. Og de var, vel at mærke, samtidigt hovbønder på Stensballegård.

Her på gården er der ganske mange rigtigt gamle frugttræer. Frugttræer bliver næppe flere hundrede år gamle, men måske er de gamle træer aflæggere af persillekræmmernes træer. De får i hvert fald lov at stå, så længe de kan, som minde om Vær Sogns storhedstid.

## Hørindustrien

Grønsagerne og frugterne var ikke den eneste specialafgrøde, Vær sogns bønder dyrkede. Fra midten af 1700-tallet og frem til midten af 1800-tallet må der have været afsindigt smukt i Meldrup og omegn.

Det var i den periode, at hørproduktionen var blandt de dominerende afgrøder her på egnen. Bare tanken om bakkerne bølgende med de blå blomster kan få en til at ønske sig den afgrøde tilbage.

At hør virkeligt var en specialitet for Vær sogn følger alene af, at der var hele fire såkaldte brådhuse. To i Stensballe, hvor navnet Brådhusvej er det eneste, der er tilbage af dem. Et i Haldrup og et, landsbyerne Blirup og Meldrup havde i fællesskab. Det lå oprindeligt nede ved den lille Meldrupgaard Sø på jordvejen Fuglsbjergvej mellem Blirup og Meldrup.

Huset eksisterer endnu. Desværre fulgte den store ovn i midten af huset ikke med, selv om det var den vigtisgste del af et brådhus, da huset i første halvdel af 1800-tallet blev flyttet hjem til gården. Det var ikke rigtigt relevant at flytte de mange mursten fra ovnen og skorstenen med. De ligger nok under det tykke lag tørv, der danner bund i søen.

*Skættehuset. Det eneste brådhus, der er tilbage i Vær Sogn, og som kan minde om dengang, høravl og hørvarer var en stor ting i soget.Ja nærmest en industri.*

Det lille Brådhus står nu bag Meldrupgaard, lige under den store ask og bærer navnet

"Skættehuset". Navnet har Jens givet det. Det lyder da også lidt mere hyggeligt end "Brådhuset". For øvrigt er det et af de meget få brådhuse, der er tilbage i hele landet. Og i hvert fald det sidste i det ellers så hørfyldte Vær sogn.

Jeg gætter på, at den gamle ask såede sig selv, der bag stedet, hvor man anbragte skættehuset for at bruge det til udhus. Og asken er nok de 200 år gammel. Jeg nåede lige nogenlunde at tælle årringe på det lignende asketræ, der blev fældet oppe på Værvej. Og med lidt slump på grund af lidt råd i midten, nåede jeg et godt stykke over de hundrede.

Så en gang i 1800-tallet er Skættehuset blevet flyttet.

*Asken og huset er bogstavelig talt groet sammen. Rødderne laver i dag buler i gulvet*

Da jeg kom til gården første gang i slutningen af 1960-erne, var huset udelukkende brændeskur. Bag det, og bygget rundt om asken var et blikskur, hvor bla. gårdens gamle gamle selvbinder var placeret.Den nåede jeg at se i brug en enkelt gang, da Jens og jeg restaurerede Skættehuset, så det kunne bruges som gæstehus, når vi kom på besøg fra Sjælland. Da besluttede vi, at det skulle tækkes med "langhalm", hvilket er umodent rug, høstet med binder. Det var dengang en tækkemand kunne fås for penge.

*Det ældste billede af det gamle brådhus. Det er flyttet fra søen i lavningen i baggrunden. Hvem brændesaveren er, vides ikke.*

Desværre var det så som så med den tækning. Den store ask var rigeligt hård ved taget, der allerede en snes år senere blev skiftet ud med tegl.

## Hørfremstilling

At dyrke hør var hårdt og besværligt. Ikke kun det med at så og se planterne vokse, selv om det bestemt var et arbejde, der krævede specialviden og dygtighed for at få en ordentlig og fin afgrøde. Noget man jo var vant til her på egnen, fordi man så længe havde dyrket specialafgrøder i form af grøntsager.

Hør skulle såes tæt for at få den rigtige kvalitet.

"Man skulle løbe, når man såede boghvede, men krybe, når man såede hør," hed det sig. Hør havde det også med at udpine jorden, hvilket betød, at man skulle gøde godt og sandsynligvis også have et godt sædskifte. Jorden skulle også være ekstra ren, hvilket betød, at der ikke måtte være ukrudt. Alt i alt noget, der krævede viden og kundskaber.

Men det var kun begyndelsen. Nu begyndte besværlighederne.

Høsten foregik ved at man "ruskede" planterne op med håndkraft og med rod. Planterne blev lagt på jorden i fine små bundter. Så skulle de køres hjem til gården, hvor de ligeledes med håndkraft fik fjernet frø og urenheder ved at blive trukket gennem nogle pigge på et bræt. Altså noget, der kunne minde om en rive. Hørren blev "knevlet".

Herefter blev de lagt i vand, hvilket her på gården vil sige ned i søen. Det hed at blive lagt til "rødding", hvor meningen var at stænglen skulle begynde at rådne. Endeligt ikke for kort tid eller for længe. Så op igen og ud på marken, hvor høren blev stakket og tørret.

Når så efterårsarbejdet i øvrigt var forbi, de evt. andre afgrøder var i hus og grønsagerne solgt på diverse markeder i det meste af Jylland, var man klar til at tænde op i Brådhuset.

Tidspunktet var noget samtlige de bønder, der brugte brådhuset, var enige om. For ilden blev ikke slukket, før samtlige bønder havde fået brudt deres hør.

Det var varmt og hårdt arbejde. Her stod karle og bønder så inde i den overvældende hede, hvor man nødvendigvis måtte have et vådt stykke stof for mund og næse for at kunde ånde i den varme luft, især når den tørrede hør skulle ud ud, og næste læs skulle ind. Hver omgang tog ca 12 timer, så det var dag og nat-der blev arbejdet i Brådhuset.

Nu var hørren tørret og klar til at kunne "brydes",

hvilket betød, at aksen kunne slåes i stykker og de tørrede, træagtige ting kunne fjernes. Det forgik på en slags bænk med en overdel, man kunne slå med, så stænglerne brækkede og faldt af, så kun taverne var tilbage. Det hed en bryde.

*Søen ved vejen mellem Meldrup og Blirup. Her lå det fælles brådhus for Meldrup og Blirup.Det blev senere flyttet op til gården.*

Affaldet fra aksene blev brugt til at fyre videre med, så det gjalt om at den næste gård var klar, når den første var færdig. Brydningen foregik altså i døgndrift stort set frem til jul.

Nu var det hårdeste, eller i det mindste det varmeste, arbejde overstået. Så skulle der skættes.

Skætten var et instrument, hvor piggene sad knap så tæt og hvor de nyudklækkede taver blev trukket igennem. Instrumentet hed en skagfod.

Med en skættehånd sørgede man for at fjerne de sidste træagtige dele af stænglerne. Det gav fibre, der kunne bruges til at polstre møbler med. Så var hørren "skidtskættet". Renskætningen gav blår, som, alt efter kvaliteten, blev brugt til at væve arbejdstøj og sækkelærred af.

Så skulle resten "hegles" hvilket var en sidste kæmning over tætsiddende stålpigge og nu var hørren endeligt klar. Blød, glat og fin som kvindehår.

Nu var hankønnet færdigt med sit arbejde og resten overladt til fruentimmerne.

At spinde hørren var ifølge de gamle beretninger slet ikke noget let arbejde. Det var så svært, at man mere eller mindre skulle have det lært lige fra barndommen, for at kunne få det fine hør til tråd.

Overalt i sognet var der rigtigt mange kvinder, der mere eller mindre levede af at væve hør. Hvor mange ved vi ikke. Men antallet af Brådhuse er et godt signal om, at der virkeligt var gang i produktionen i de mange små hjem.

Vi taler altså om en nærmest industriel produktion i Vær sogn, med specialister til at dyrke den, og specialister til at udnytte den. Der var specialister til at fremstille de mange forskellige redskaber, og der var trædrejere, der fremstillede rokke, som blev udnyttet hårdt og derfor ofte måtte repareret eller udskiftes. Trædrejerne i Vær sogn havde altså også travlt.

Men nu var der altså skabt linned. Tilbage var kun at lægge det ud i solen, så det kunne bleges og "blide" til det flotte hvide lined, vi har et par prøver liggende i de gamle bryllupskister. Til minde om dengang, der  for alvor var gang i produktionen af det fine stof hos persillekræmmerne i Vær sogn.

Det generer mig, at jeg ikke har kunnet finde noget om fremstilling af linolie eller kommerciel udnyttelse af hørfrø i øvrigt. Men jeg kan simpelthen ikke forestille mig, at de dygtige bønder bare lod frøene fra de store mængder hør gå til spilde, selv om det om ikke andet var glimrende dyrefoder. Så mon ikke der også var en olieproduktion af betydeligt omfang her på gården og på alle de andre fæstegårde i sognet. Linolie var også dengang et fortrinneligt middel til at beskytte træ.

Der har muligvis også været dyrket tobak hos de gamle persillekræmmere. Det blev der i stor stil på den anden side af sundet, hvor denne produktion gav anledning til, at Horsens blev til en tobaksby. Så mon ikke også, at der blev dyrket lidt af den sikkert gode afgrøde på denne side. Det mente i hvert fald tobaksfabrikant Jens Poul Petersen, der jo også principielt boede i Meldrup, omend lidt længere væk fra landsbyen. Der er med sikkerhed blevet dyrket tobak på Meldrupgaard. Men det var under anden verdenskrig og mest til eget brug.

*Meldrupgaards tobaksskærer. Den blev flittigt brugt under anden verdenskrig.*

# Kapitel 5


# Familien på Meldrupgaard

# Rasmus Jensens Sønner

*Rasmus Jensen i midten med familie i Meldrup. Hustruen, Mette Kirstine, der kom fra Gåsholm i Hylke ved Skanderborg. En datter Karen (forrest, siddende med mand og barn) blev gift med Henrik Hansen til en gård i Åes. Sønnen Jørgen liggende th. og datteren Petrine stående th. fik den tilbage-købte slægtsgård, Gåsholm. Længst til venstre liggende, Karl Marthinus, der senere testamente-rede gården til Jens. I baggrunden gårdens med-hjælp, tyendet.*

Rasmus Jensen havde en række sønner og døtre. Blandt dem var Jørgen, der desværre for ham ikke var den ældste og dermed heller ikke arving til gården i Meldrup. Det var onkel Karl Martinus Georg.

Jørgen havde samtidigt det handicap, at han var født med en arm. Han blev derfor uddannet som skolelærer, men jeg tror ikke, at han nogensinde praktiserede det. Sammen med sin søster Petrine fik han i stedet hans mors fødegård, Gåsholm i Hylke.

*Der er talrige diplomer af denne type fra dyrskuer i gamle dage. Denne er fra 1909 og givet til Rasmus Jensens sønner for tyren "Meldrup Dan".*

Moren hed Mette Kirstine Jørgensen, og hendes familie havde haft Gåsholm i ubrudt række fra 1721. Desværre havde hendes forældre i Mette

Kirstines levetid solgt gården til sognerådsformanden, så der har nok været et vist pres fra Mette Kirstines side til at få Rasmus til at købe den gamle slægtsgård tilbage i familien, når mulighed gaves. Det gjorde den tilsyneladende.

Man må beundre Mette og Rasmus. Ikke bare frikøbte det gamle fæstebondepar deres egen gård fra greven af Stensballe, købte Møllehøj med jorden omkring til, og gav deres søn Jørgen en læreruddannelse. Minsandten om de ikke også købte den betydeligt større gård, Gåsholm til to af deres børn. Rasmus Jensen kan ikke have været den mest håbløse bonde i sognet. Han må have været knagende dygtig.

På Meldrupgaard er der da også fortsat dyrskuepræmier og beviser i hobetal. Vundet af enten ”Rasmus Jensen” eller ”Rasmus Jensens sønner”, som der står med tydelig adresse til mesteren selv.
Med et sådant økonomisk overskud må der have været tjent penge på landbruget og gartneriet i Meldrup. Hørproduktion var i 1700-tallet den store indtægtskilde, så mon ikke også de gamle kister, hvor der fortsat ligger hørlinned, også har indeholdt lidt guldmønter? Måske også nogle af de sølvmønter, der var gravet ned og senere blev smeltet om til sølvbestik til Jens og Gerdas bryllup under krigen.

-Grav her, havde Jørgen sagt til sin søn Jens der midt under anden verdenskrig. Og op blev gravet en beholder med sølvmønter. Bestikket eksisterer og bruges endnu, og det har altså ikke været helt få mønter, der gik til det stel.

Gården i Meldrup gik til Rasmus ældste søn Karl, der som barnløs ungkarl testamenterede den til sin nevø, min svigerfar Jens, som også var vokset op på gården. Om årsagen til det senere.

## Jørgen Jensen

Jørgen Jensen var heller ikke helt almindelig. Dygtig og veluddannet, og drev sammen med søsteren Petrine Gåsholm.

Stuepige i et hus i nærheden hed Marie og sådan en person kan jo være uhyre fristende for en gammel ungkarl. Og det var hun.

Problemet var imidlertid, at en gift dame, fru Botak fra Horsens, mere eller mindre var flyttet ind hos Jørgen. I hvert fald fik de barn sammen. Han hed Jønne, og var altså er min hustru Herdis halvonkel. Han voksede op hos storbonden i Hylke og udviklede sig til en rigtig levemand.

Nu er fortællingerne om ham nok lidt farvede, for stuepigen Marie og hendes børn er dem, der er kilden. Men som det går rigtige levemænd, blev han ikke så gammel.

*Et af de få billeder af den unge Jørgen Jensen, der er født enarmet hvilket han her skjuler godt. Piben hænger i dag i Skættehuset.*

Jønne døde ung "af øl og cigaretter", sagde man. Nikotinforgiftning. Det har nu nok nærmere været tuberkulose, der var en dødelig sygdom dengang. I mellemtiden var stuepigen Marie også blevet gravid med den let aldrende gårdejer, der på det tidspunkt har været omkring de 50. Nu er det måske ikke det allermest optimale at have fru Betak og Marie gående i Hylke sammen.

*(tv) Fru Betak. Mor til Jønne og rivalinde til Marie. (Th) Jønne i gården på Gåsholm.*

Så Marie kom til Meldrup til Jørgens brødre, der var ungkarle. De kunne sikkert godt bruge lidt medhjælp.

Så kunne Jørgen meget praktisk besøge familien engang imellem og Marie samtidigt.

Transportproblemet blev også løst. Hestevogne var udmærkede, men en bil var bedre. Så Jørgen købte en Ford.

Nu var der lige det, at han kun havde en arm, og datidens biler krævede mere end det. Men hvad har man gode naboer til? Et var at få en chauffør. Noget andet var, hvad chaufføren skulle foretage sig, mens Jørgen besøgte Marie. Så det halve Hylke drog til Meldrup, hvor mindst fire kunne spille kort, mens Jørgen hilste på Marie og deres fælles søn, Jens.

Da Jens var syv år, døde hans onkel Karl. Og så arvede Jens hele bondegården i Meldrup.

Undervejs er der naturligvis spekuleret lidt i, om Jens måske i stedet var søn af Karl, der jo havde Marie boende som husholderske. Men det er der nu ikke noget, der tyder på, selv om barnebarnet Herdis Kjelstrup har ærgret sig over, at hun ikke fik spurgt sin bedstemor om det, inden hun døde.

Jens Jensen fik altså gården i Meldrup af sin onkel, Karl Martinus Georg Jensen, der testamenterede den til ham ved sin død i 1927. Jens Jensen var da syv år gammel. Da var gården vurderet til 30.000 kr. og "løsøret" til 5827 kr. på trods af en "hæftelse" i form af en landvæsenskommissionskendelse fra 1916 på "anbringelse af en sluse i broen over Stensballesund". Den sluse er der endnu. Jeg håber dog ikke at Meldrupgaard hæfter for den mere.

*Jørgen Jensen.*

Jens Gårdmand, blev han kaldt i skolen. Her havde han som nævnt selveste Gejlager som lærer, hvorfor han naturligvis udviklede en stor interesse for historie. Meget af det historiske stof omkring Meldrup, som er gengivet her, stammer fra hans fortællinger. Men han arvede også Gejlagers sans for den gode historie, så det måske ikke altid er de historiske kendsgerninger, der tæller mest.

*Det er sandsynligvis lillebror Per der står midt på ajlebeholderen i gården i Meldrup. Hvem manden er vides heller ikke, men det er sandsynligt, at det er "Niels Bestyrer", der drev gården for Jens, indtil han selv overtog den i 40-erne. Eneste billede af stalden med bindingsværk og stråtag*

En god historie er lige så vigtig. "Godt og vel end-da", som han sagde, da han stod med et gammelt

vaterpas og konsta-
terede at brættet
var nogenlunde i
vater.

*Marie Jensen, mor til Jens og Per.*

Besøgende af gårdmanden fra Hylke gav resultat. Marie fødte en lillebror til Jens, der hed Per. Han blev ligeledes født på gården i Meldrup, og ligesom Jens uden for ægteskab. Ikke videre velset i de dage, hvis man ikke lige var søn en indflydelsesrig gårdejer.

Det var vel specielt dengang ikke ligefrem det mest sømmelige, man kunne foretage sig, således at have to elskerinder, installeret på hver sin gård. Ingen så imidlertid skævt til storbonden Jørgen med de to "koner" og Jens Gårdmand og hans lillebror på Meldrupgaard har da heller aldrig

nævnt nogen som helst former for chikanerier eller andre ubehageligheder, selv om de begge er
født uden for ægteskab. Nærmest tværtimod. Der
stod stor respekt om deres far, dem selv og gårdene i Hylke og Meldrup.

Jørgens anden store hobby var at forsøge at samle
Hylke skov. Utallige skæltrætter og mere fredelige
opkøb blev afklaret i retten i Skanderborg, og også
under sådanne forhold viste det sig, at Jørgen
Jensen ikke var et helt almindeligt menneske. Selv
når naboerne skændtes om hegn og skel, kørte
man naturligvis sammen i Jørgens bil til retten og
spiste middag sammen i Skanderborg bagefter.

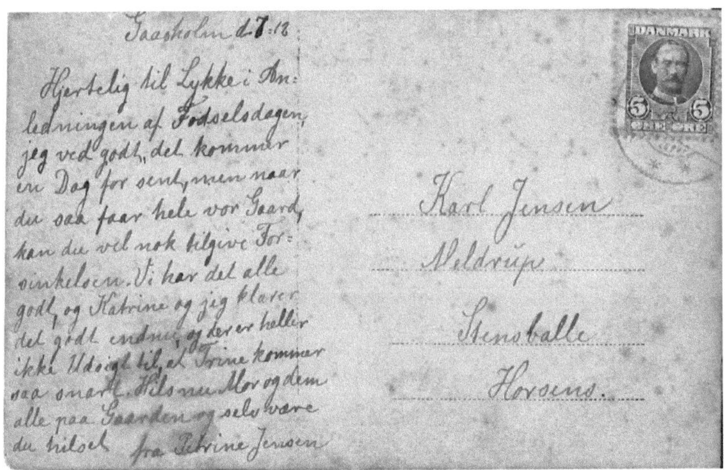

*Jørgen fik gården i Hylke sammen med sin søster
Petrine, mens storebror Karl fik gården i Meldrup.
Her er et forsinket fødselsdagskort fra Petrine til
Karl lige efter, at han havde fået Meldrupgaard.*

Lige inden Jørgen døde, lykkedes det Marie at bli-
ve gift med ham og flytte ind på Gåsholm som
gårdmandsfrue, med en lille og en stor dreng.
Ifølge lillebror Per lagde hun vist nok pres på, men
det har sikkert talt godt, at der her var to rigtige
arvinger til Jørgen. Fru Betaks Jønne var jo død.
Ikke at Jørgen ikke havde vedkendt sig sine børn i
Meldrup også før ægteskabet. Det havde han i høj
grad. Jens fortæller i hvert fald om, hvordan hans
far gang på gang havde talt med ham om køb af
gårde af betydelig størrelse, som Jens skulle have.
Og det var da også Jens, der havde stået for drif-
ten på Gåsholm, før og efter, at han havde været
på landbrugsskole på Fyn.

*Familieidyl i gården mens Marie boede i Meldrup.
Drengen er Jens og yderst til højre står Marie.*

Det var også Jørgen, der lagde grunden til ægteskabet mellem Jens og Gerda. Stationsforstanderen på Hylke station havde en datter, der kom en del i mejeriet ved siden af Gåsholm. Og når Jørgen så hende, trak han hende med over til Gåsholm og sagde, at hun skulle over og hilse på Jens, "for de to skulle giftes".

Ikke om hun ville være bondekone, vant som hun var til et andet liv i stationsforstanderboligen nede ved banen. Men det skete nu alligevel. De var i hvert fald kærester, da Gerda i begyndelsen af krigen var stuepige hos ostekongen, familien Boel uden for Odense, og Jens var på Dalum landbrugsskole lige i nabolaget.

## Marie

Marie vidste godt, hvad hun ville. Da hun endeligt flyttede ind på Gåsholm, skete det med fuld musik. Der blev sat gartnere på haven og alene listen over indkøbte planter var imponerende. Midt på gårdspladsen og omme i haven blev der er lavet små springvandsfontæner, hvor vandet var hentet fra vandværket langt væk fra. Det har været virkeligt dyrt at få de rør gravet ned.

Da Jørgen døde i 1941, 72 år gammel, flyttede Jens og Gerda ind på Gåsholm. Marie, som jo reelt ejede gården, flyttede på aftægt i et lille hus længere oppe i byen. Men det var altså lidt småt. Og ifølge Gerda kunne hun ikke lade gårdens drift være i fred, så hun flyttede tilbage.

Det gik slet ikke.

Ifølge Gerda var det fordi hun blandede sig så meget i gårdens drift, at Jens ikke ville blive på gården. Men min fornemmelse er nok mere, at det var Gerda, der ikke kunne holde ud at have en

*Familien samlet i stuen i Hylke. Fra venstre- Jens, Gerda, Marie og lillebror Per, der senere overtog Gåsholm.*

svigermor, der blandede sig i husholdningen. Gerda havde trods alt været både på husholdningsskole og i huset hos fru Boel. Med den loyalitet, Jens altid har vist over for sin kone, var det bare nødvendigt at rejse.

Jens var ked af det. Han elskede Gåsholm, og ikke mindst skoven. Han var måske i virkeligheden mere skovmand end landmand og burde måske have været forstuddannet.

Det er ikke just usandsynligt, at Marie og Gerda slet ikke kunne sammen. Det har aldrig været de blide, svage kvinder, der prægede den familie.

Marie var ellers på alle måder et dejligt menneske. Sammen med Per var hun indbegrebet af Gåsholm og Hylke. Gården var samlingsstedet i byen og det havde den faktisk altid været. Marie lavede suppe og serverede kaffe og kager, når storstuen var fyldt med kortspillende cigarrygende bønder og andet godtfolk. Kontrolassistenten og mejeristen og postbuddet. De kom alle på Gåsholm.

Jeg selv husker hende bedst som den, der ikke vidste al det gode, hun skulle gøre, når vi kom på besøg. Aldrig noget som helst brok eller dårlig omtale af andre mennesker. Så hellere ikke sige noget. Jeg har således personligt aldrig hørt hende omtale fru Betak.

*Marie fra Hylke.*

Hun døde natten til juleaften 1983. Vi boede da på Sjælland, men var i anledning af julen i Meldrup. Lille juleaftens dag var vi på besøg på Gåsholm og Marie blev ved med at insistere på, at vi skulle blive og have rådyrsteg.

"Men vi ses jo til jul i morgen bedstemor" sagde Herdis. Det svarede hun slet ikke på, men forsøgte med lidt mere end almindelig "nøden" at få os til at blive til aftensmad. Det gjorde vi ikke.

Næste morgen fandt Per hende i sengen. Hun var ikke stået først op, som hun plejede. Hun var sovet fredeligt ind.

# Køerne i Meldrup

Op i halvfjerdserne kunne det ikke mere betale sig at levere mælk med kun 12 køer. Jens solgte de bedste til Mellemøsten og inseminerede de resterende smukke sortbrogede med Hereford og gik så over til kødproduktion. De fortsat højtydende sortbrogede gav imidlertid så meget mælk, at der måtte indkøbes endnu en kalv til hver ko og det var lidt af et gedemarked at få koen til at acceptere sådan en ekstra kalv. Ret hurtigt blev malkekøerne helt solgt og så var besætningen mere egnet til selv at gå og græsse med deres kalve ude på marken.

*Herdis fætter Bent Sørensen med vores datter Anne og første hold kødkvæg. Grusgraven i baggrunden var endnu ikke plantet til med træer.*

Den første herefordtyr hed Kæmpe, selv om det bare var en lidt stor kalv. Jeg husker, da den blev sat ind på marken bag gården til alle damerne. Her havde en stor rødbroget ko taget føringen, og da den med en tyrs vildskab tørnede hovedkulds ind i lille Kæmpe, røg tyren tilbage og stod lidt forvirret og virrede med hovedet. Men så fik navnet kæmpe en anden betydning. Den lille tyr gik hovedkulds til angreb på den store ko og tabte hver gang. Men den kunne kæmpe, kunne den. Selv om den med plovfurer dybe spor gennem græsset blev skubbet tilbage og helt ud i mosen, blev den ved.

Da det blev mørkt, spurgte jeg bekymret til dens skæbne i løbet af natten.

-Den skal nok klare sig, sagde Jens og vi overlod slaget om Meldrup til de to kombattanter.

Næste morgen stod der en sammensunket stor rødbroget ko med det ene horn brækket oppe i det ene hjørne af marken, mens Kæmpe spankulerede rundt, som om intet var hændt.

Den sommer var vores datter Anne vel omkring fire år. Hun var altid på ferie på gården og fulgte med i det hele. Min mor var en absolut finere borgerfrue fra Ringsted, der aldrig har været tættere på dyr end min barndoms to kanariefugle.

"Og ved du hvad, farmor. Jeg har lige været ude og klappe tyren, og den var slet ikke spor bange for mig," kunne min datter glad fortælle i telefonen. Jeg tror min mor helt opgav at have en mening om dyr og børn siden da.

*Jens med den første Herefordtyr, Kæmpe, da den var blevet gammel nok til at ligne en rigtig tyr.*

Efterhånden som Herefordkøerne blev avlet igennem, fik fætter Bent og jeg overtalt Jens til at gå på dyrskue. Da Kæmpe skulle trænes i at blive vist frem og gå pænt, gik Jens som altid i gang med en vis alvor. Skulle den udstilles, skulle den også kunne vises pænt frem. Så han gik aftentur hver aften med tyren ude på vejen. Når hundelufterne kom trækkende med deres små hunde og så forskrækkede ud, fortalte han dem, at han synes, at det var for kedeligt at gå tur med en hund.

Bedste Jens-historie var det da en flok cykelryttere kom kørende i fuld fart om hjørnet ned ad Am-

ballevej og lige imod Jens med Tyren i snor. De
væltede ud i grøfterne og skyndte sig videre op ad
Meldrupbakken. Aldrig har Jens set cykelryttere
komme så hurtigt op ad den ellers ret så stejle
bakke."Og jeg har oven i købet rød trøje på," råb-
te en af dem forskrækket på vej væk op ad bak-
ken.

*Bjergetappen i Meldrup*

Jeg har på fornemmelsen at Kæmpe morede sig
lige så godt som Jens.

Hereford-krydsningerne holdt nogle år. Gerdas
nevø, Bent Sørensen, vandt i tip og for pengene
købte han en Herefordko, der blev opstaldet sam-
men med de andre i Meldrup. Fætter Bent viste sig

at være en passioneret og dygtig avler. Og med hjælp og støtte fra Jens blev besætningen efterhånden udvidet og overtog hele stalden i Meldrup. Bents besætning blev først flyttet, da han havde fundet og købt en passende ejendom til sin hobby i Assendrup. Bent Sørensen er i dag en af de ubetinget største og bedste avlere af Hereford i Danmark i dag.

## Hestene

I enden af stalden havde barnebarnet Anne fået sneget lidt heste ind. Da vi i 1988 flyttede til Stensballe, var der imidlertid hurtigt brug for hele stalden. Annes interesse for heste var vokset og med instruktøruddannelse af landets bedste lærere på det dengang nye landscenter for heste på Wilhelmsborg, var det hende og hestene, der herefter prægede dyrehold på Meldrupgaard.

*Jens med et forspand af to hvide lipizzanere. Det er vist ikke set før i Meldrup og omegn. Passagererne er Jens datter Herdis og barnebarnet Anne. Arvingerne til Meldrupgaard.*

Det begyndte med en pony inde hos køerne. Men da Bent Sørensen tog sine Herefordkøer med sig, blev den gamle kostald ved hjælp af gamle døre og gitre fra Horsens rideskole og tømmer fra skoven, bygget om til hestestald og marken mellem Meldrupgaard og nabogården omdannet til ridebane.

Så stod den på opdræt og ridning og hestevognskørsel. Var der ikke egne heste nok til at fylde de seks bokse op, blev de lejet ud. En af dem, der lejede sig ind var advokat Poul Erik Andersen med døtre. Det medførte store forandringer i Meldrup og omegn.

*Lipizzanerhoppen Zarene i nydelig levade som normalt kun ses på den spanske rideskole i Wien. Det er Jens barnebarn Anne Kjelstrup, der sidder på ryggen.*

Poul Erik og hans familie faldt meget hurtigt til i det hyggelige miljø i Meldrup, og mødte sammen med os andre op til udmugning om lørdagen.

"Det er ikke hver dag, man har en sagfører til at muge ud i sin stald," mente Jens, der også tørt kunne konstatere, at hvis han var alene om at muge ud ved hestene tog det en times tid. Var vi to om det tog det to timer. Og var vi flere om det, tog det hele dagen.

110

Det gjorde det som regel. Med frokost hos Gerda
ind imellem.

For som Poul Erik sagde, skulle der jo helst ikke
gå mange minutter mellem hvert godt grin.

Da naboen, Hans Meldrup døde, var Poul Erik An-
dersen da heller ikke sen til at købe gården af sø-
ster Else. Senere har han også købt "den øverste
gård" og et par andre i omegnen. Husene blev
solgt fra og bebygget på ny. Men jorden blev. Fra
at der for en generation siden var fire gårde og et
husmandsbrug, er der nu to gårde og en række
huse. Og Meldrupgaard har skiftet status fra at
være den store gård i Meldrup til at være den lille.
Til gengæld er det den eneste af de gamle gårde
fra 1688 der er tilbage, da også naboen Willys
ejendom blev nedlagt og byggeretten solgt. Det er
selvfølgeligt en af de gamle ridepiger, der holdt til
i hestestalden, der nu bor i nyt hus med sin famlie
på Willys gamle ejendom.


## Gerda

Tilbage står Meldrupgaard. Da Jens Jensen døde
og Gerda derfor var alene på gården, overtog min
kone og jeg den. Gerda blev boende, for hendes
liv var mere end nogen andens knyttet til stedet.

*Og så blev Gerda bondekone. Bryllup i 1941. Hende, der fra starten ikke ville være bondekone, blev indbegrebet af netop det.*

Hun var helt utrolig til at passe hus og have. Og den, der gik forrest, når gården skulle kalkes og males. Der skulle ikke være ret meget varme i luften, før Gerda med store vanter, tørklæder og trøjer var i gang med at kalke.

Heller ikke i haven måtte der være en gren, der lå forkert. Alt skulle være ryddet op og lagt på plads, både inde og ude, så man ikke skulle skamme sig, hvis der kom nogen forbi. Og det gjorde der. Kom nogen forbi altså.

112

*Gerda i køkke-
net*

Om ikke andet
så for lige at få
en rundvisning
i haven, hvor
arbejdsforde-
lingen var klar.
Jens stod for
træerne og
Gerda stod for
alle blomster-
ne. Buskene
deltes de om.
Indenfor var
der kun een
chef.

Og når Jens så
"tilfældigvis"
havde mødt nogle interessante mennesker ude på
vejen, blev de inviteret ind i køkkenet hos Gerda.

Så var der kaffe og almindeligvis også hjemme-
bag.

Der i køkkenet  var der også arbejdsfordeling.
Jens stod for underholdningen og Gerda sørgede
for at serveringen var i orden.

113

Mærkeligt nok var køkkenet det sted, hvor folk (og det vil også sige mig) helst ville være. Her var et lille simpelt bord med to stole og en taburet, og altid overfyldt.

Inde i stuerne var der dyre chesterfield-møbler og fine arkitekttegnede lædermøbler, men det var ligesom forbeholdt de mere inviterede gæster. Vi, der bare kom forbi til et grin og lidt historier, var i køkkenet.

Gerda var naturligvis eminent til at lave mad. Hun havde tjent i huset hos ostekongen Boel på Fyn og havde her lært lidt om, hvad der skulle til.

Hun kunne ikke servere nem mad. Det skulle være ordentligt mad, lavet lige fra bunden fra flæskesteg til rødbederne, asierne og de syltede tomater. Og det ville være overvældende flovt, hvis der ikke var nok af det. Der skulle også "nødes," hvilket betød, at husmoderen pressede på for at få gæsten til at tage en portion mere, lige til man ikke kunne få en bid mere ned. Ja man skulle helst føle, at det var en hån mod hendes madkunst, hvis ikke man spiste, til man revnede.

   -Sådant et mandfolk som dig skal jo have noget at leve af, som hun blandt andet sagde.

Der var varm mad til middag. Det stod fast. Sådan havde det altid været. Det var dagens store måltid. Og i vores ungdom i Horsens kom vi stort set hver søndag til middag i Meldrup. Her fik jeg for første gang serveret

*(tv) Gerda med en af de hollændere, der kom til Meldrupgaard som ung. Det blev starten på et langvarigt venskab. Og (th) Jens, der var god til at stifte bekendtskaber har fået en veninde i ørkenbyen Matmata i Tunis.*

blodpølse og andre retter, nærmest direkte fra grisen.

Indbegrebet af råhygge og hårdt arbejde var det, når der skulle slagtes. Inden dyrlægernes fagforening helt fik umuliggjort hjemmeslagtninger, blev en passende weekend før jul udvalgt og så kom slagteren. Alt foregik på gården.

Når de store udskæringer var foretaget, blev min kone og jeg tilkaldt. Så skulle der snittes og hakkes i Gerdas lille køkken.

Gerda fandt hurtigt ud af, at en gammel tennisspiller som mig var god til at dreje hakkemaskinen og putte skiftevis det skære kød og det noget mere fede ned i maskinen, så man fik den rette smagfulde hakkede kød ud af det. Og der var meget af det på sådan en gris, der helst skulle være noget over slagteristørrelse for at give den helt rigtige smag og konsistens.

Herligst var det, når der skulle laves medisterpølse og de rensede tarme blev sat på det lille horn på hakkemaskinen. Det var faktisk et fag at rense tarme. Det gjorde Gerda ikke selv. Det gjorde tarmrenseren.

Hold op, hvor var den medister god. Næsten lige så god som den rullepølse, der som noget af det sidste, godt krydret blev lagt i rullepølsepresseren.

Mens vi boede på Sjælland, blev vi en dag sidst på ugen ringet op og spurgt om vi ikke lige kunne komme over i weekenden. En af de store kvier havde valgt at vælte sig over staldens jernrør og på ryggen lagt sig tilrette mellem rørene og væggen. Den var i gang med at ånde ud og Jens kun-

116

ne straks se, at det ville være umuligt at hejse den fri i live.

Han tog resolut en stor kniv og skar halsen over på den.

Nu var problemet, at der jo var grænser for hvor længe, der kunne gå, inden kødet var behandlet og lagt i fryseren. Og der var langt mere arbejde i sådan en stor kvie, end de mente at kunne klare selv.

Gerda og Jens var dog kommet langt, inden vi kom fra Sjælland. Men de var også godt trætte. Ikke om de ville stoppe. Og så blev der arbejdet og hakket og skåret og pakket. Det var virkeligt hårdt arbejde. Men søndag aften var der pænt fyldt op med kødpakker i den gamle folkevogn, der skulle tilbage til Sjælland.

Fætter Bent har mange gange spurgt om vi ikke ville have en halv eller kvart Hereford ko, som han var mester i at opdrætte. Vi har altid sagt nej tak. Jeg tror det skyldes, at vi den weekend fik respekt for det arbejde, der ligger bag, før sådan en halv ko kan serveres på middagsbordet. Og hvor meget hakket kød, man så står med bagefter.

*Gerda Jensen*

Gerda passede også hønsene og urtehaven. Æg-
gene, der blev solgt til købmanden, gav en ekstra
indkomst til Gerda, som hun sindigt sparede op til
bl.a. de dyre møbler og de håndknyttede tæpper,
hun holdt så meget af.

118

Hun syltede og vaskede og hun kalkede hele går-
den hvert forår. Det er måske et forkert ordvalg.
Hun begyndte nemlig lige så tidligt på året, hun
kunne, iført uldne vanter, stort tørklæde og gum-
mistøvler og masser af tøj. Kalkningen ville hun
ikke overlade til andre. De svinede bare med kal-
ken og gjorde hendes planter og brosten hvide.
Selv var hun ret pyntet af kalk og af at "stolpe af,"
som hun kaldte malingen af det sorte bindings-
værk.

Hun brugte en ret så lille kalkkost, så hun ikke
kom ind på vinduer og træværk, når hun arbejde
fra sin lille stige, foret med udstoppede uldstrøm-
per på de ender, der skulle stå op ad huset. Jeg
har nu også på fornemmelsen at kosten ikke sled
helt så hårdt på armene som en normal størrelse
af kalkoste ville have gjort. Jens kunne til nød få
lov at hjælpe med at kalke, men var ellers be-
skæftiget med at udbedre de mange frostskader,
som vinteren havde efterladt. Mørtel og en ekstra
stor klat cement var opskriften. Og så blandede
han kalken. Stuehuset var gult, hvilket Gerda var
meget imod. Men Jens holdt fast ved okkeret, og
blandede selv farven.

Gerda har siden fortalt mig, at hun hvert år gjorde
farven lysere, ved at blande Jens farvede kalk op
med noget helt hvidt.

Magtkampen om stuehuset farve fortsatte hvert år
indtil Jens døde. Så vandt Gerda.

Men mange år efter skinner det gule en gang imellem igennem og minder om farvekrigen i Meldrup.

Hun malede også selv alt indendørs. Døre og vinduer blev malet og vedligeholdt med stor omhu. Kommoder og træstole ligeså. Hun var god til det. Alt det nymodens med afdækningstape og plastik på gulvene brugte hun ikke. Horsens Folkeblad fra i går var nok. Skulle man undgå at male ind på glasset var recepten simpel: "Man skal bare have en go pensel og en sikker rystende hånd", lærte hun mig.

Gerda arbejde altid. Og når hun endeligt satte sig ned for at se lidt fjernsyn om aftenen, strikkede eller hæklede hun. Hun sov dårligt om natten, så den brugte hun til at læse romaner i. Masser af dem. Mest kriminalromaner.

Haven var gårdens pryd. Store træer og buske og blomster nedenunder. Det var på sin vis et fælles projekt. Træerne og rododendronerne var mest noget, Jens tog sig af med nærmest videnskabelig interesse. Og det var også ham, der plantede og gravede. Gerda lugede og var den, der tog sig af buske og blomster. Ryddede op gjorde haven fejlfri. Ikke et stykke ukrudt måtte stikke en mikroskopisk spire frem.

Jeg har aldrig hørt hende beklage sig over det hårde arbejde som landmandskone, selv om hun jo ikke som Jens nærmest var født til det.

Tvært imod.

Hun kunne simpelthen ikke klare, at noget på går-den ikke var i orden. Og hun kunne ikke gå forbi et lille bitte stykke ukrudt eller en lille grenstykke, uden at bøje sig ned og fjerne den. Hun kunne ikke se en skramme på et karlekammerskab, uden at det hele skulle males om.

Hendes ordensans og arbejdsiver kunne dog blive for meget for Jens.

"ej nu holder du fandeme op", sagde han. Og han talte normalt aldrig hårdt til Gerda. Da var hun krøbet ind under en rododendron i Beringsparken i Horsens for at hale noget ukrudt op.

Da Jens døde, begyndte det at knibe for hende at holde gården, og min kone og jeg overtog den.

Gerda blev boende. Der var fortsat et par heste tilbage, som hun troligt lukkede ud om morgenen. Normalt lukkede jeg dem ind og fodrede dem, men det var ikke altid, at jeg var hjemme.

Anne, der var hestemennesket, var flyttet til Schweiz, men så længe Gerda kunne klare det, gik det jo. Man kan jo sådan ikke lige skille sig af med sine yndlingsheste, som man gennem årene har fået et specielt forhold til.

En dag opdagede jeg, at Gerda var bange for he-stene og altid havde været det. Når de skulle ud om morgenen, stod hun derfor altid bag en dør med en kost og prøvede at få dem gennet ud af døren. Sådan var hun. Ikke noget med at beklage sig. Jeg havde aldrig tænkt over, at hun kunne være bange for dem. Det var jo bare at lukke hestene ud af boksen, så kunne de selv gå ud på marken.

Så blev de sidste heste solgt.

Desværre kom demensen snigende og forandrede hendes milde og venlige -men bestemte- sind totalt. Og det værste ved det var, at det altid er det sidste indtryk, der er med til at danne mindet.

Hun døde på alderdomshjemmet efter en række rigtigt dårlige år, der, som det jo gør ved den sygdom, også gik rigtigt hårdt ud over hendes datter.

Hun nåede at komme på besøg, efter at vi var gået i gang med renoveringen af gården. Men hun kunne ikke kende det sted, der havde været hendes et og alt.

Hun elskede hele hendes voksne liv den gamle bindingsværkgård, men havde glemt den, inden hun døde.


## Jens

Min svigerfar, Jens Jensen var på alle måder et herligt menneske. Nu er det altid svært at beskrive en, der står en så nær, som Jens kom til at stå mig. Han var ikke bare en rigtig svigerfar, der altid var der, når der var behov for hjælp af alle arter, men han var også en rigtig god ven og legekammerat.

Da jeg første gang kom på Meldrupgaard, var det godt nok Meldrups største gård, men alligevel ikke stor nok til, at man rigtigt kunne leve af den.

Stalden kunne rumme 12 køer og ca. 12 kalve. 6-8 søer var i den længe, der nu er festlokale. Og et større antal smågrise holdt til i den gamle lade mod nordvest. Som regel blev grisene solgt som smågrise til andre landmænd, når de havde en passende størrelse, men der var naturligvis også altid fyldt op i svinestalden med fedesvin. Så var der også lige en hønsegård med et halvt hundrede høns. Der var virkeligt fyldt op i bygningerne. Roer i hele roehuset. Hø på loftet over kostalden, der senere blev bygget om til heste. Halmballer op til taget i laden, hvor også kornloftet var placeret. Og brænde i Vær sogns eneste tilbageværende brådhus, "Skættehuset."

Frugttræer og stor urtehave. Lidt skov til brænde til kombinationskomfuret.

Et herligt stort komfur med ovn og en stor kedel varmt vand. Så var det hurtigt at få vand til kaffen i madam blå. Komfuret gjorde det også ud for centralvarmefyr, hvorfra de store støbejernsradiatorer rundt omkring i huset fik deres varme. Der er stadig en tilbage oppe i det blå værelse i vestgavlen.

Omkring 1970 blev fyret skiftet ud med et oliefyr kombineret med brændefyr. Det fungerer endnu snart 50 år gammelt.

*Stalden med de 12 velplejede sortbrogede køer*

Man skulle altså tro, at det var arbejde nok til Jens og en halv Harry Eskerod, der havde været karl på gården siden Jens og Gerda under krigen flyttede til Meldrup, men nu også var karl hos Niels Thomassen i den øverste gård, og af og til også hos Hans Meldrup i den nederste. Men nej.

Jens kørte derfor også lastbil for vognmand Erik Skov i Haldrup. Tidligere havde han kørt mælkevogn. Men da jeg lærte ham at kende, kørte han lastbil. Jeg tror han holdt rigtigt meget af det.

Så kom han ud og kunne snakke med alle mulige mennesker på byggepladserne og de kommunale anlægsarbejder.

*Jens Jensen, som jeg bedst husker ham.*

Allerhelst kørte han sneplov om vinteren. Så skete der noget. Ind i snedriverne med ladet fyldt med sand som ballast. Så dansede og hoppede den

tunge lastbil på grund af modstanden i sneen, der med sit inferno af løst sne også fjernede enhver mulighed for at se, hvor man kørte.

Så blev der babbet på piben, når lastbilen med "Arthur Post" eller "vejmanden" som plovbestyrer og Jens bag rattet kom ud på den anden side af driverne. Vejen til Haldrup var åbnet.

Lastbilen dækkede altså hans store sociale behov for at møde mennesker. Han snakkede med alle. Og jeg tror ikke, der var mange byggepladser i Horsens og omegn, der ikke kendte Jens.

Han var ualmindeligt god til kvægavl. En af de ting, jeg havde lært som journalist, var at se på køer på dyrskuerne. Noget skulle man jo foretages sig, når man som ung journalist skulle være på dyrskuerne dagen igennem. Så fik jeg kvægavls-konsulenterne til at lære mig at bedømme kvæg.

Og jeg havde da sjældent set en flok kvæg som dem på Meldrupgaard, da jeg kom på gården før-ste gang. De kunne have klaret sig i en hvilken som helst skønhedskonkurrence.

Men dyrskuer interesserede ikke Jens. Jo, han havde da fået opfordringer nok fra kvægavlskon-sulenten og kontrolassistenten og hvem med for-stand på køer, der ellers kom i stalden. Men han havde tilsyneladende fået nok af dyrskuer gennem sin tid som søn af Jørgen, der virkelig brugte tid på at udstille. Det var altså ikke derfor, han avlede så godt. Det var ikke resultatet, der talte. Jeg tror egentligt ikke engang, han glædede sig over de flotte dyr. Det var nok nærmere modsat. Man

126

kunne ikke have fugleskræmsler gående rundt i stalden. Han kunne med andre ord ikke lade være med at udvælge de rigtige køer til de rigtige tyre. Det lå i opdragelsen. Også at køer skulle have høj ydelse og mælken skulle være af højeste kvalitet. Ingen skulle kunne sige noget om hans køer.

Måske havde han engang haft en dyb interesse for køerne og kvægavlen. Måske var den interesse bare blevet slukket af de to gange, han havde fået mund og klovsyge i besætningen. Den ene gang blev hele besætningen slået ned og gravet ned på marken ude ved siden af kirsebærtræet. Mange års avlsarbejde var væk. Næste gang blev gården sat i karantæne og køerne skulle så komme sig af sig selv. Det var den værste gang. I det første tilfælde fik man erstatning for nedslagtningen. Anden gang stod man tilbage med en sygdomsødelagt besætning, der først adskillige år efter blev i stand til at yde noget ordentligt igen. Og denne gang uden erstatning.

Herdis fortæller, at hun som helt lille kan huske, hvordan Jens en morgen kom ind fra stalden og sagde, at hun og Gerda skulle se at få pakket deres ting og komme væk. De skulle ud af gården, inden han ringede til dyrlægen. Han vidste godt, hvad der var galt. Han kendte symptomerne. Så blev gården nemlig sat i karantæne og ingen måtte forlade den. Købmandsvarer blev sat ude i porten.

Mund og klovsyge var en forfærdelig ting med meget store økonomiske konsekvenser for både den ramte, familie og landets eksport.

Jens var også en fortrinlig planteavler. Han havde virkeligt fået noget ud af sit ophold på landbrugsskolen, selv om det var under krigen og med kæresten tæt ved. Man kunne altså på ingen måder sætte en finger på hans landbrug. Alligevel tror jeg aldrig, at det rigtigt interesserede ham. Måske hvis der havde været nogle flere at snakke og drøfte problemerne med som på Gåsholm. Her i Meldrup var han alene, med undtagelse af Harry, der var mere interesseret i mennesker end i landbrugsfaglige spørgsmål. Jens drømte om noget andet og mere og havde helt sikkert også den intellektuelle kapacitet til det..

Hvis han var vokset op i Hylke hos faren, var han sandsynligvis også blevet noget andet. Han snakkede faktisk tit om, at han gerne ville have været dyrlæge, men det lå normalt langt uden for en bondedrengs muligheder. Han forsøgte også op gennem 50-erne at overtale Gerda til at emigrere. Lærte oven i købet engelsk gennem et kursus i radioen. Men Gerda ville ikke. Så kastede han sig over bøgerne. Læste om alt muligt forskelligt fra relativitetsteorien til samtlige von Dänikens bøger om tidligere besøg fra fremmede planeter. Men i de sidste mange år var det buske og træer, der var det vigtigste. Haveforeningernes blad, Haven, havde en årrække specialsider om træer. Det skabte en ny interesse.

Som altid satte han sig dybt ind i de emner, han beskæftigede sig med. De fleste, der i hans alder og med hans baggrund beskæftiger sig med have og planter, snakker om hjortetaktræer og skovfyr. Han snakkede om Rhus Typhina og Pinus Sylvestris. Han lærte sig nærmest latin bare for at kunne forstå planternes navne. Først var det Rododendron, der interesserede ham. Flest mulige forskellige arter. Han var inkarneret samler. Så udtænkte han den teori, at egetræer med deres dybe rodnet måtte egne sig fortrinligt sammen Rododendron med deres overliggende rødder. Og så blev egetræer næste specialområde.

*Rhododendron under en afghansk eg i dag. Teori-
en om egetræer og rododendron er bevist.*

## Træerne og tolderne

Jens Jensen læste alle de bøger, han kunne kom-
me i nærheden af om egetræer. Og han læste alt,
hvad han kunne finde om, hvor de kunne fås. Ind-
skrev dyre tykke kataloger fra Europas fineste
planteskoler. I den periode kørte han og Gerda og
Gerdas bror og svigerinde, Verner og Hanne, Eu-
ropa tyndt efter høst. Mest Frankrig, men også alle
andre vesteuropæiske lande. Og så skete det hyp-
pigere og hyppigere, at de tilfældigvis kom forbi
en af de fine planteskoler. Først alle de mange
Rododendronspecialister ved Oldenburg ved græn-

130

sen mellem Tyskland og Holland. Senere var det de store tyske planteskoler, hvor man også kunne finde et nyt egetræ.

Nu var det ikke sådan, at man fra starten af Danmarks medlemskab af EF bare kunne køre over en grænse i Europa. Og slet ikke med planter. Man skulle have plantepatologers bevis for, at planterne var sygdomsfri og meget andet. Man skulle også have importtilladelse.

Engang kørte Jens og Gerda til Tyskland og købte egetræer. Fem forskellige små planter, pakket ind i fugtigt avispapir. Købt ind fra to forskellige store planteskoler, der begge havde været behjælpelige med at skaffe plantepatologer til at syne planterne, og havde udfærdiget de nødvendige eksportpapirer. Det tog et par dage hver gang. Nu gik turen til grænsen ved Padborg. Tolderne opgav, da Jens bad om at få stemplerne på plads. Man forsøgte at skaffe en ekspert fra Åbenrå, men han kunne først komme dagen efter. Så fik Jens lov at køre, mod at henvende sig på toldkontoret i Horsens, der som havneby havde toldbod i den store bygning nede på havnen, hvor BestSeller nu holder til. Tolderne bad ham gå til speditør. Der var to af slagsen i Horsens, og den første slog korsets tegn for sig og henviste til den anden.

-Jeres konkurrent siger, at I er de eneste, der kan finde ud af det, sagde Jens.

-Så må vi jo leve op til det, sagde speditøren. Helt nemt var det ikke.

Der var efterhånden gået en lille uges tid, og der var stadig ikke nogen dansk plantepatologisk godkendelse af papirerne fra de tyske plantepatologer. Alle andre stempler og tilladelser var efterhånden på plads, og i mellemtiden var Jens blevet oprettet som planteimportør med eget nummer og diverse stempler.

Men endnu var ingen plantepatolog kommet forbi Horsens. Så blev man enige om, at Jens selv kunne køre til Århus, hvor der var en permanent plantepatolog, der kunne skrive under på, at de tyske patologers papirer var i orden og at planterne ikke var blevet syge i mellemtiden, eller hvad det nu var, de skulle undersøge. Tilbage til Horsens med papirerne, og knap var der gået et par uger inden Jens igen stod på toldkontoret med samtlige papirer i orden. Tolderen satte det sidste stempel og rakte ud efter den store boltsaks.

-Hvad skal du med den? spurgte Jens.

-Åbne for plomben på lastvognen, så lasten kan frigives, sagde tolderen.

-Det behøver du skam ikke. De fem planter ligger i bagagerummet i Fiat 'en.

-Er den ikke plomberet? spurgte tolderen.

-Nej så kunne jeg jo ikke vande dem, sagde Jens.

For Jens var et her simpelthen noget af det morsomste, han havde oplevet. Her var beviset på toldernes fuldstændige meningsløse arbejde.

-Jeg fik jo flere blade papirer, end der var blade på træerne, som han udtrykte det.

Selv om han nu var lovformeligt registreret planteimportør, prøvede han aldrig senere, at få planterne hjem gennem tolden. De blev bare bragt

hjem i bagagerummet, sammen med den ekstra flaske snaps, der også lige skulle smugles over. Han var bestemt ikke meget for embedsmænd. Men toldere var alligevel de værste.

*Håndknyttede tæpper var Gerdas hobby. Dem bragte hun bl.a. hjem fra Tunis og Marokko*

 

-De gør jo bare deres arbejde, sagde jeg til ham.

-Jamen de har sku selv valgt det, svarede Jens.

Han fandt en planteskoleejer på Fyn, der var uddannet på Hillerys berømte træ-planteskole i England. Han fandt åbenbart en interesse i at skaffe de helt specielle egetræer, som Jens fandt frem i bøgerne til Danmark.

Og enkelte træer blev simpelthen gravet op som små, når Jens kom forbi. En gang, vi sammen kørte gennem Pyrenæerne, råbte han pludseligt stop. Og ud over bjergsiden kravlede han med en ske i hånden.

Sådan skaffede han en Quercus Phyranaiis til Meldrup, hvor den nu står sammen med de mindst 20 andre forskellige udgaver af ege.

I det hele taget var turene sydpå en af årets tilbagevendende begivenheder. Ikke kun i Europa, men Gerda og Jens var også flittige gæster hos rejsebureauerne. Sicilien, Marokko og Tunis var blandt de foretrukne. Og Jens 70 års fødselsdag skulle da også fejres i Tunis .

Han ønskede sig mavedans til fødselsdagen.

Det blev der.

Jens var på alle måder en selvhjulpen mand. Han gik aldrig i små sko. Let sangvinsk, som alle gode fortællere, og han elskede, når nogen tilfældigt kom forbi. Han nærmest shanghajede dem ude på vejen, og specielt, hvis de viste interesse for hans enestående træsamling. Så skulle de med ind i gården.

    -Gerda, råbte han så.

    -Vi skal lige have en kop kaffe.

Jeg ved ikke hvor mange kopper kaffe, Gerda har lavet i sin tid. Men først den gamle Madam Blå med sit stoffilter, og senere Melitta-maskinen med sit papirfilter var i gang rigtigt mange gange om dagen. Så kom man om sommeren ind i gården og om vinteren ind i køkkenet og fik historier.

Var der en ting, Jens ikke kunne lide, var det, at andre tog beslutninger, eller fik ideer for ham. Så kunne han blive tavs og indesluttet med et kropsprog, der ikke lod en i tvivl om, at det her ikke var nogen god ide. Men det gik som regel hurtigt over. Han gik og tyggede lidt på det. Så foreslog han det samme selv, og så var det i orden. I den indesluttede periode kunne han rigtigt bappe på piben.

Den værste gang var engang, hvor jeg foreslog, at nogle gamle, men brugbare brædder kunne sættes op som væg for at give læ i et skur, han havde bygget af nogle gamle elmaster. Ekstra tykke, fordi de havde været brugt til en højspændingsledning. En passende dimension af tømmer til, hvad vi i dag ville kalde en carport. Søm havde han samme holdning til. Alt under fem-tommer søm var stifter.

-Sådan nogle tomme-planker ville blive blæst ad helvede til ved den første storm. Det ville aldrig komme til at du.

Så kørte han op i bakkerne og vendte hø. Jeg er ikke i tvivl om, at han kunne høre, at jeg var gået i gang med at tømre helt deroppe i marken på traktoren. Jeg kunne i hvert fald høre, at den gamle Bukh traktor aldrig har lydt så vredt, og røgen stod ud af skorstenen, som en forstørret udgave af hans pibe-babben.

Da han kom tilbage var væggen færdig, og vi snakkede aldrig mere om den. Og helt mirakuløst holder vægen endnu, ca. 40 år efter.

Men det er absolut hans lyse sangvinske sind, der huskes bedst. Historierne om dengang han fik egetræerne gennem grænsen, og ikke mindst en historie om, hvordan Poul Erik Andersen, hans far, Jens og jeg var på besøg på det Sønderjyske Vognmuseum i Haderslev og hos den navnkundige Oberst Nørgaard, blev fortalt ved hver festlig lejlighed. Og de blev bestemt ikke mindre morsomme ved gentagelsen.

Flere oberst Nørgaard-citater har overlevet gennem Jens, så som

– Af de bedre franske vine foretrækker jeg Cognac.

Og- Jeg drikker aldrig spiritus på fastende mave. Så lad os få en øl først.

Det blev for øvrigt efterfulgt af et "musse! Lad os få en guldbajer!. Musse er min kone. Hun er overlæge i hud og kønssygdomme i Odense, og spørg mig ikke, hvordan, jeg har lært hende at kende."

Ved frokosttid sad vi omkring et velskænket frokostbord, og her præsenterede oberst Nørgård os så for de øvrige tilstedeværende. En ca 35-årig herre blev præsenteret således:

"Han ligner et mumie, men han er Danmarks eneste professor i vognhjul".

Da vi efter frokosten skulle køre ud og se landets største samling af hestetrukne ligvogne og havde sat os ind i bilen, kan jeg stadig fornemme, hvordan bilens dansen afslørede den jublende latter fra de fire i bilen.

Den tur er en af dem, der har været fortalt utallige gange på Meldrupgaard.

Og naturligvis var det Jens, der fortalte den med lidt stikord fra vi andre.

# Seksløberen

En rigtig god Jens-historie var den om seksløberen hos hans nabo Herluf Knorborg, der sammen med sin kone Ditte havde Amballegård over for alderdomshjemmet. Han var en stout, selvhjulpen nordjyde, lige efter Jens hjerte.

Da jeg første gang blev inviteret med på havevandring på Amballegård, forberedte jeg mig på en hyggelig tur i Knorborgs i øvrigt flotte have med søen ud til vejen, sammen med mine svigerforældre og Ditte og Herluf Knorborg.

Sådan begyndte det da også. Jeg fik udvidet min botaniske viden og så satte vi os til bords. Og lige der fik jeg udvidet mit kendskab til mine egne grænser for snapseindtagelse. Det var hylende skægt. Jens og Knorborg kunne begge fortælle historier af groveste slags og overgik hinanden i usandsynligt morsomme historier.

Historien om seksløberen gik ud på, at nogle håndværkere skulle sætte vinduer i stuehuset på Amballegård. Knorborg syntes åbenbart ikke rigtigt om dem, så da de havde slået sig ned ved kaffebordet i køkkenet, begyndte Knorborg uden et ord at pakke sin seksløber ud. Sådan en rigtige seksløber fra Amerika. Den var pænt rullet ind i sækkelærred, og da den lå på bordet tog Knorborg den op og begyndte at putte patroner i.

– Nej ikke nu igen, sagde Ditte og begyndte at brede aviser ud rundt om de to fremmede.

 - Det sviner sådan.

Efter sigende skulle de være forsvundet ud gennem de ny isatte vinduer og er ikke set i Vær sogn siden.

Jo Knorborg og Jens har absolut haft indflydelse på min interesse for have og botanik, og for min forståelse for havevandringer.

Nu siger Herlufs søn, at det slet ikke var en seksløber men en pistol med magasin. Men en pistol var det da. Og Jens syntes vel også at historien blev bedre med en seksløber.

Selv om Amballegård strengt taget ikke hørte med til Meldrup, var Ditte og Herluf Knorborg altid med til festerne. "Hele byen" var naturligvis med. Det vil sige Niels og Valborg Thomassen fra "den øverste gård," Willy og Elvira fra ejendommen inde ved siden af, og Hans og Else Meldrup nede fra den nederste gård. De sidste var bror og søster.

Den gamle grammofon med indbygget radio og plads til de tunge 78-lakplader, blev slæbt fra gård til gård, så der kunne danses. Willy medbragte sin harmonika, og når alle havde fået lidt snaps at drikke og lidt af Jens hjemmebryg eller mjød, spillede Willy på harmonika.

 –Spil Texas gule rose, råbte Knorborg svedende ude på dansegulvet i den "øverste stue".

-Jammen det er jo den, jeg spiller, råbte Willy.

Det er den stue, der nu er den eneste stue. Dengang var det den fine stue, der kun blev taget i brug, når der var gæster. Her kunne man lige netop undgå at støde hovedet mod bjælkerne, hvis man da ikke var alt for høj.

# Harry, den fælles karl

Harry Eskerod var karl på gården Gåsholm i Hylke, da Jens Jensen overtog den. Han var født på en lille ejendom ved Bostrup, og kom til Gåsholm som tjenestedreng efter konfirmationen, selv om han helt sikkert helst ville være fortsat i skolen. Han var i tjeneste på Gåsholm indtil Jens og Gerda efter krigen tog til gården i Meldrup, som Jens jo havde arvet af sin onkel, da han var syv år.

Se nu skete der det forunderlige, at Harrys forældre byttede deres lille gård i Hylke med en lidt større i Bjergene i Stensballe, og familien flyttede med. Da Harrys bror Johannes kom hjem fra soldatertjeneste i begyndelsen af 50-erne og overtog gården, fik Harry plads som karl på Meldrupgaard og købte lidt senere den lille ejendom neden for Haldrup-bakken med fin udsigt over fjorden. Her flyttede han ind med sine forældre.

Her var der mulighed for Harry til at holde dyr. Ejendommen blev med tiden fyldt med dem. Slet ikke for at tjene penge på dem. Udelukkende fordi han kunne lide dem.

Her forblev ungkarl og blev boende efter forældrenes død. Han delte beboelsen med duerne, hønsene og kattene, indtil hjemmehjælpen nægtede at rense et skinnebenssår i de omgivelser. Så flyttede han nødtvunget op i en af de små huse ved plejehjemmet, men i mange år stolprede han hen over Haldrupbakken med stok og dyrefoder og sørgede for dyrene ude på Haldrupbakken.

En lille forretning havde han dog. Når kongefamilien var på besøg på Stensballegård, og det skete faktisk slet ikke så sjældent, leverede Harry duer. Så en af de første i sognet, der vidste, at kongehuset kom på besøg i Stensballe, var Harry. Og når Harry vidste noget, vidste man det i hele sognet.

Der var nok ikke nogen karl i hele Danmark, der var så trofast og pålidelig som Harry. Når Jens og Gerda tog væk, var det med ro i sindet. Der var ingen tvivl om, hvem der passede på køerne søerne og grisene. Og selv om han måske ikke var den hurtigste, var der ingen tvivl om kvaliteten og ansvarsfølelsen.

At han ikke var den hurtigste, hang sammen med hans glødende interesse for alting og alle mennesker. Var der en person i nærheden, skulle der udveksles nyt. Så måtte arbejdet lige vente lidt.

Efterhånden som arbejdet på gården blev mindre, og at Niels Thomassen i "den øverste gård" fik problemer med ryggen, blev Harry også karl der.

Da Niels engang mente, at Harrys løn måske var lidt til den lave siden og ville give ham lønforhøjelse, blev Harry nærmest fornærmet. Han fik løn nok. Altid glad og interesseret, og altid tilfreds med tilværelsen.

*Harry på sine gamle dage som mellemmand mellem nabokonerne Elvira(tv) og Gerda Jensen(th) til Gerdas 90 års fødselsdag i den restaurerede sostald.*

Han havde en svaghed som karl på en gård med marker, der skulle passes: Han ville ikke køre traktor. Og når han havde sat sig noget i hovedet, holdt han fast ved det.

Jens Jensen var derfor rigtig glad, når jeg kom på besøg. Så skulle vi ud og radrense roerne, der næsten altid stod på marken op mod Værvej. Roerne var sået i lange rækker, og radrenseren var et redskab, der med et lille jernsæde og en styrestang, var sat fast bag traktoren, så man kunne tage alt ukrudt mellem rækkerne. Det fordrede bare, at traktoren kunne køre lige, og at manden, der styrede radrenseren, koncentrerede sig og havde en rolig hånd.

Her havde Harry et problem. Det var alt for interessant at se, hvem der gik forbi på vejen og lige hilse på, mens rækker af roeplanter lige så nydeligt blev renset væk. Jeg mener at Jens i et anfald af frustration, havde sat Harry til at køre traktoren, men det var ligeså galt. Der var så store udsving, at radrenseren ikke kunne følge med ud til siderne, og jeg kan lige forestille mig, hvordan Jens har råbt og bandet.

Til gengæld var Harry super til at hakke mellem roeplanterne. Snesevis af timer med hakkejernet, række op og række ned og ingen stress. Her gjorde det ikke noget, at man lige holdt snakkepause.

Jeg har selv prøvet det adskillige gange sammen med Jens. Han var faktisk også utroligt glad for at snakke. Og havde han selskab, var det rigtigt dejligt at arbejde. Ret så frustrerende for mig, der udstyret med et hakkejern, instruktion og en række, gik i gang ved siden af Jens i rækken oven for.

Vi snakkede fint to gange pr. række. Nemlig hver gang han overhalede mig med en omgang og hver gang han havde været nede at vende.

Jeg er helt sikker på, at mit væsentligste bidrag var at gøre arbejdet lidt mindre ensomt og kedeligt for Jens.

Den rolle er jeg også sikker på at Harry ofte spillede. Nu skulle man nemlig tro, at man efter så mange år og så megen snak var ved at løbe tør for emner. Men Harry var speciel derved, at han sugede nyheder til sig. Fra samtaler. Fra bøger og ikke mindst fra aviser. Først og fremmest Jyllandsposten og Horsens Folkeblad. Og i samtlige aviser var der noget, der tålte at blive læst igen, så Harrys hus mere lignede de værste af mine chefredaktørers kontorer med små gange mellem avisbunkerne. Hos Harry var repertoiret af stabler også udvidet med Familiejournalen.

Han havde en fantastisk hukommelse og kunne derfor huske alt, hvad nogen havde fortalt ham. Derfor var han også velkommen i køkkenerne hos landhusmødrene, der hurtigt kunne blive opdateret om, hvad der foregik på naboejendommene. Der var ikke noget sladder i det. Ikke et ondt ord. Bare fakta, leveret af oprigtig interesse for andre mennesker.

Især Niels Thomassens hustru Valborg og Gerda behøvede ikke at besøge hinanden. Her var en direkte linje gennem Harry.

Med skal det også, at Harry mere eller mindre er skyld i, at Herdis er i live i dag.

Ved bagdøren var en loftlem med en trappe, der kunne hejses op. En gang faldt lille Herdis ned gennem hullet, men heldigvis samtidigt med at Harry kom ind ad bagdøren og greb hende i hans stærke, gymnastiktrænede arme.

Ud over sin passion for at passe dyr af alle racer, var han også den ideelle barnepige for Herdis.

Harry døde i oktober 2016. Glad og tilfreds, som han var gennem hele livet for tilværelsen i Meldrup. Jo, han havde da været en enkelt tur på Sjælland, men udlandet? Uha nej, hvad skulle han dog der? Det var i Meldrup, livet udfoldede sig.

# Kapitel 6


# Nyere tid

# Restaureringen af Meldrupgaard.

Nikolaj kom langhåret med hestehale ind i gården og spurgte efter ejeren. Det skulle være en gammel dame. Jeg kunne fortælle ham, at den gamle dame boede der endnu, men at min kone og jeg ejede gården.

Han ville så frygteligt gerne leje vores gamle lade til sit udstyr. Han var tækkemand.

Vi havde netop konstateret, at det dryppede ind af taget på hovedbygningen, fordi stråene miljørigtigt var bundet sammen med hampereb. Og nu var taget slidt så meget ned, at hamperebene virkede som en væge og sørgede for dryppende lofter.

"Du kan ikke leje laden", svarede jeg," men du kan tække hovedbygningen."

"Det kan jeg ikke lige nu," svarede han efter at have set vinduerne i taget. Men jeg kan nå at tække den der, sagde han og pegede på svinestalden, hvor taget var uden tidskrævende forhindringer.

Her var der bølgeeternit på, og jeg havde slet ikke tænkt, at den skulle tækkes. Men et gammelt foto viste, at den havde været stråtækt, og det var jo en fin bindingsværksbygning, og så var det i orden.

Når noget sådant overhovedet kunne komme på tale, skyldtes det, at vi havde haft besøg af tømrermester Finn Mortensen. Den vestlige del af vores jord op til Værvej var netop endt i byzone, så den del ville han gerne købe.

Vi havde sådan set ikke tænkt os at sælge, men fandt jo ud af, at det dels skattemæssigt var dyrt at beholde det og dels, at der også var penge i det.

Svigerfar havde engang, vi gik tur oppe i bakkerne og så på træer, sagt, at hvis vi engang skulle sælge noget af jorden, skulle det være det ovre på den anden side af vejen, for det var det mest kedelige. God landbrugsjord, men slet ikke så kønt, som bakkerne.

Efter adskillige hyggelige besøg af Finn og hans lige så hyggelige søn, Michael Mortensen, blev vi enige.

Så nu var der penge til at restaurere den noget slidte, men stadig smukke gård.

Naturligvis skulle hele tagkonstruktionen på svinestalden udskiftes. Orm og alder havde gjort dem lige lovligt møre til, at de kunne bære et stråtag. Inden i stalden var der ikke sket noget siden søerne var forsvundet, så det var nærmest at begynde forfra med fire vægge og ikke andet.

Nikolai indforskrev et par tyske navere som tømrere og en tækkemand mere fra Fyn. Det var strålende sommer, og jeg tror ikke, at nogen af os glemmer de mange frokoster i haven tilberedt af Gerda og Herdis. Det var rigtigt hyggeligt. Strå over det hele og masser af aktivitet. Tysk og dansk i en pærevælling med det store asketræ som den største parasol i sognet.

*Nikolaj og søn stående på taget. Negene lagt ud som faldunderlag.*

Da taget stort set var færdigt, stod vi inde i den nu ryddede stald og kiggede op. Det så brandgodt ud, også indvendigt. Ikke noget med loft eller andet, der kunne forstyrre synet af strå og nyt tømmer. Ingen tvivl. Vi havde fået et helt igennem lækkert selskabslokale.

Om efteråret havde Nikolai tid til at lægge tag på hovedbygningen, som jo var den, der trængte. Betydeligt mere træls med masser af regn og evige overdækninger med presenninger.

Et dejligt symbolsk dilemma, var, at vores datter Anne mente, at der skulle være dør i stråtaget og en lille altan mod nord, mens hendes bedstemor, der stadig boede der, accepterede en dør, men ikke en altan. Den tidligere og den fremtidige generation på slægtsgården i diskussion om den gård, som man nok på papiret kan eje, men i realiteten kun har til låns af slægten.

Døren kom i taget, og altanen kom på, da gården nogle år senere blev restaureret.

Da Gerdas fremskredne senilitet gjorde, at hun flyttede på aldersdomshjem, gik vi og kiggede lidt på det indre af stuehuset. Det havde masser af charme, men var simpelthen for lavloftet og for mørkt, til at moderne mennesker kunne bo i det. Det gik fint oven på, men slet ikke nedenunder. Der var kun en ting at gøre. At grave ud.

Vi startede i den sydlige ende. Fik gravet ned, isoleret og lagt gulvvarme i gangen, fik flyttet køkken og badeværelse lidt og pludselig gik hele op: Nu var indretningen af de forskellige funktioner rigtig og levede op til moderne funktionalisme.

 Det var først og fremmest Jimmy, der var manden bagved. Han ikke blot foreslog de nye ruminddelinger, men foretog dem også.

*Der er lagt landeveje af kabler, rør og slanger i det gamle hus gulve*

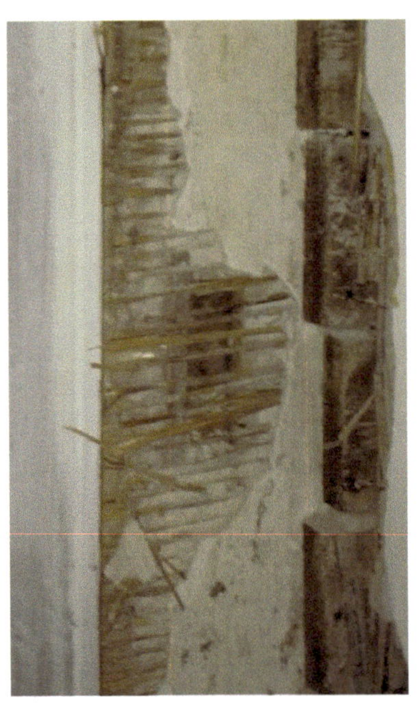

*De gamle lerklinede stråvægge har med lidt pus på fået lov at leve videre. Man skal bare lige huske ikke at slå søm i dem.*

Jimmy startede i virkeligheden for år tilbage med at hjælpe os med en terrasse. Siden har han været en rigtig god ven, der på trods af hans handicap, nemlig en alvorlig ordblindhed, som en opvækst på Fejø med øens mangelfulde skolesystem ikke just hjalp på, har formået at tilegne sig rigtigt mange håndværksmæssige kundskaber, der gjorde ham helt uundværlig under ombygningen af gården. Jeg tror virkeligt, at han er det eneste mennesker, jeg kender, der i den grad trives med udfordringer. Både de fysiske og de intellektuelle. Det var da også ham, der tog det store slæb med at grave gulv ud.

Under trægulvet var der for øvrigt ikke andet end jord, som oven i købet var tørt og fint.

Rum for rum fik vi lagt isolering og gulvarme i de nye betongulve, som med et lag fliser gav bondegården et helt nyt og nutidigt look.

Langt de fleste vægge, hvad enten det var ydervægge eller skillerum, blev ribbet for alt udvendigt og stod rå, så vi kunne isolere lidt. Kilometervis af nye ledninger til både el- gulvarme, styring af lyd med de indbyggede, skjulte højtalere i væggen og netværkskabler i hele huset blev lavet af Dennis, der dengang havde Hylke El og eneforhandling af det meget moderne RussSound lydsystem, der med indbyggede og fuldstændigt skjulte højtalere kunne styres fra iphones og ipads, eller fra de små paneler rundt omkring på væggene.

Jow jow. Intelligent strøm, der kan indstilles til hvad som helst på computeren og gulvvarmen fuldender billedet af en over tre hundrede år gammel fæstegård, der på langt de fleste måder er næsten mere moderne end de fleste nye huse.

Problemet med at begynde sådan en restaurering er, at den ikke rigtigt får nogen ende. Pudsning af de gamle let slidte stenbygninger fra 30-erne og nye tage på staldene og laden fulgte efter.

Gårdspladsen var et problem. De toppede brosten fra markerne var godt ødelagte og opkørte. De mange natlige besøg, også om vinteren, som dagplejen havde aflagt, mens Gerda var dement og hjemmeboende, havde godt nok gjort sådan en brolagt gårdsplads til et mindre interessant syn.

Herdis ville have lagt fliser eller ral i hele gården, mens jeg synes det var synd. Sådan en gårdsplads skal have toppede brosten.

Et kompromis blev flisebelagte stier og områder ind imellem brostenene, så man kunne færdes også med højhælede sko.

Så selv gårdspladsen er blevet lidt moderniseret og tilpasset den nyere tid, er sjælen bevaret med de toppede brosten.

Man kan altid diskutere, om det er værd at restaurere gamle huse. Der er ingen tvivl om, at det havde været billigere at rive ned og bygge et nyt hus på stedet. Men det har aldrig været på tale.

Kompromisser? Ja dem er der mange af. Men der er også masser af charme og bevarede hilsener fra de hedengangne slægter, der ligger deroppe under træstubben foran hovedindgangen til Vær kirke.

Undervejs havde landskabet omkring gården også skiftet udseende. Den gamle grusgrav, der blev udgravet i Jens tid og først og fremmest brugt til strandparken nede ved Langelinie, er nu plantet til med løvtræer, så der nu er sammenhængende skovarealer fra Blirup til Vær. Til stor glæde for vildtet. Sandet fik Jens aldrig penge for. Vognmanden gik fallit.

Og så har Henning i det gule hus på vejen om til Blirup gjort en stor indsats og skaffet Meldrupgaard en rigtig sø.

Den gamle mose, der blandt andet var hjemsted for det fælles Brådhus mellem Blirup og Meldrup, er nu i meget stor udstrækning tømt for pil. Henning brugte simpelthen en af vores gamle traktorer til at trække pilene op med, savede dem i stykker og dermed ryddet søen for tilgroning. Resultatet blev, at vandstanden steg med mindst en meter, og Meldrups nye sø er blevet tilholdssted for både gæs og ænder og vandingssted for alle skovens dyr.

At søen også var et væsentligt led i Meldrup og Blirups produktionsapparat for hør, med Brådhuset liggende der ved bredden, gør jo ikke søens bevarelse mindre interessant.

# En gård med minder fra fortiden.

Der er naturligvis masser af historie i et hus, der er omkring 350 år gammelt. Et hus der har været igennem hoveriårene, adskillige krige, og mere lyse perioder. Og som har været hjem for den samme familie i hvert fald i 350 år. En familie, der har oplevet storhedsperioden som tiden med dyrkningen af Jyllands mest efterspurgte afgrøder, gulerødderne eller dengang Stensballerødderne, hørdyrkningen og salg af frugt fra gårdens frugttræer.

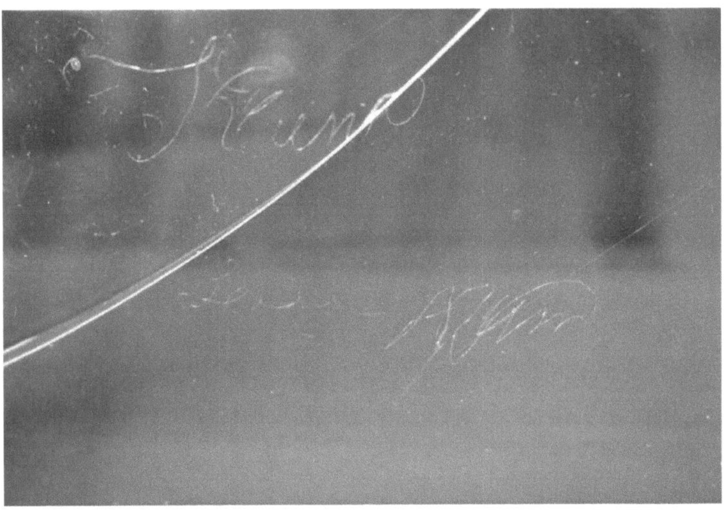

*En hilsen fra krigen i 1864. Et vinduesglas med navnetræk fra tre officerer, ridset med diamantringene. Desværre er ruden gået i stykker, og er derfor ikke længere på sin plads.*

En familie, der har oplevet livet som hovbonde, og livet som selvejer med tjenestefolk og andet medhjælp.

Et af de mere specielle stykke historier, som gården gemmer på, er en vinduesrude med inskriptioner i form af navnetræk fra tre personer. Ifølge familiefortællingerne stammer de fra 1864, hvor Danmarks mest storslåede nederlag ved Dybbøl fandt sted. Bagefter rykkede de tyske tropper blandt andet til Horsens, hvor de ifølge historien blev indlogeret i Stensballe. Officererne rykkede ind på Stensballegård, og de menige og alle deres heste blev indkvarteret på gårdene i sognet. Nu har der tilsyneladende ikke været plads til alle officererne på herregården, for tre blev indkvarteret i den vestlige stue af Meldrupgaard. Årsagen var, at det skulle have været det eneste sted i omegnen, hvor der var trægulv. At det var officerer stemmer godt nok overens med, at inskriptionerne må være foretaget med diamantringe, som er et af de få materialer, der dengang kunne skære i glas. Da vi i forbindelse med restaureringen brød de gamle gulvbrædder op, var de friske som den dag, de blev lagt direkte på jorden i stuen. Og da vi skulle vælge nyt gulv, blev det naturligvis et nyt trægulv.

*Meldrupgaard i dag. Asken i baggrunden til højre og samlingen af en snes forskellige slags ege i forgrunden. Skættehuset oppe under asken. Bygningen skjult bag træerne oppe til venstre er den gamle lade, der lå ud mod gaden. Den nye lade fra begyndelsen af sidste århundrede blev bygget af en omvandrende tømrer, der flyttede ind i et år. Han startede med at fælde træer oppe i skoven og et år efter stod der en lade.*

# Fremtiden

Der bygges huse i Stensballe. Masser af huse. Foreløbigt har Meldrupgaard dog jord til alle sider, som en rigtig bondegård skal have. Arvefølgen er nogenlunde sikret et par generationer frem. Gården er restaureret og har vel også en god del år i sig endnu.

Tilbage er bare at håbe, at kommunen realiserer sin gamle plan om at have et grønt bælte, der strækker sig fra golfbanen og skoven ved Stensballegård, op gennem "bjergene" og over Meldrupgaards bakker og skov og ned til Vær sø. Herfra ser det ud som om det grønne bælte under alle omstændigheder fortsætter ned til Nørrestrand.

På den måde kan den gamle gård bevare sin værdighed, og være det bindeled mellem fortid og nutid, som den er idag.